财务会计类专业精品课程规划教材

审计基础与实务

● 李 辉 蔡晓方 主编

苏州大学出版社
Soochow University Press

图书在版编目(CIP)数据

审计基础与实务 / 李辉,蔡晓方主编. — 苏州：苏州大学出版社，2023.1(2025.7重印)
ISBN 978-7-5672-4203-6

Ⅰ.①审… Ⅱ.①李… ②蔡… Ⅲ.①审计学-高等职业教育-教材 Ⅳ.①F239.0

中国版本图书馆CIP数据核字(2022)第248070号

审计基础与实务
李　辉　蔡晓方　主编
责任编辑　薛华强

苏州大学出版社出版发行
(地址：苏州市十梓街1号　邮编：215006)
扬州市文丰印刷制品有限公司印装
(地址：扬州北郊天山镇兴华路25号　邮编：225653)

开本 787 mm×1 092 mm　1/16　印张 10.25　字数 263千
2023年1月第1版　2025年7月第4次印刷
ISBN 978-7-5672-4203-6　　定价：39.00元

图书若有印装错误，本社负责调换
苏州大学出版社营销部　电话：0512-67481020
苏州大学出版社网址　http://www.sudapress.com

前言

"审计基础与实务"课程是大数据与会计专业群平台课程,是学生学习审计知识和审计文化、培养审计思维、塑造审计人格、走向审计职业的起点,也是开展社会主义核心价值观教育的重要平台。"审计基础与实务"课程的综合性非常强,涉及的知识面非常广,除了审计本身的一些基本理论和方法外,还广泛涉及会计、税法、经济法等学科的知识。

如何改进职业院校审计课程的教学?我们认为,随着"互联网+职业教育"迅猛发展,教师运用现代信息技术更新教材和改进教法成为新常态,同时以"三教"改革为基础,解决高职审计教材"教什么"的核心问题。高职审计课程的教学目标不能定得太高,要充分体现高职的特色,要适合高职学生的实际能力和就业岗位的实际需求。高职"审计基础与实务"课程的教学目标不是培养注册会计师,而是培养注册会计师的助手,即审计助理人员,其主要任务是读懂被审计单位的会计账目及相关资料,编制审计工作底稿,取得审计项目所必需的审计证据。针对这一目标定位,为适应课程教学的需要,我们编写了本教材,它具有以下特点:

(1)教材系统地介绍了审计学的基本理论知识和技术方法,并紧密结合实际,结合审计发展的新趋势,注重吸收、借鉴国内外审计理论研究的新成果和实际工作的新经验,突出教材的通用性、实践性。

(2)根据当前会计师事务所对审计助理需求的增加,结合会计师事务所人才需求调查,将本教材的教学目标确定为培养审计助理人员。本教材紧紧围绕培养审计助理人员的专业素质和能力这一核心目标,选择教学内容、设计教学项目、安排学习任务,突出培养审计职业能力,有利于激发学生的学习兴趣、提高教与学的效果。

(3)对接注册会计师审计助理岗位,夯实理论基础,强化审计实践教学。采用新颖的知识精讲和典型工作任务编写体系,配以"任务描述""案例导入""任务准备""知识拓展"等小栏目,通过讨论、实践等多种形式,引导、启发学生学习和掌握重点知识、实践技能、操作技巧。恰当的典型工作任务实训具有强化和巩固学生知识与技能的作用,知识性和互动性强,有利于提高"审计基础与实务"课程的教学效果。

（4）知识信息化和教学碎片化。采用现代信息技术进行配套教学，为教师和学生提供配套PPT、同步训练、二维码答案查询等丰富的教学与学习资源，便于学生利用零碎时间预习和巩固知识，提高实践操作能力。

本教材由李辉、蔡晓方担任主编，编写人员（具体分工）如下：蔡晓方（项目一 审计认知、项目五 资产审计）、董文惠（项目二 审计的对象与目标）、王子润（项目三 审计依据、审计证据与审计工作底稿）、李辉（项目四 审计方法与技术）、丁怡文（项目六 负债审计与所有者权益审计）、严艳（项目七 收入审计与成本费用审计、项目八 审计差异处理与撰写审计报告）。

由于我们水平有限且时间仓促，教材中难免存在不足之处，敬请读者批评指正。

CONTENTS 目录

项目一　审计认知　001
　　任务一　审计职业认知　002
　　任务二　审计的分类　010
　　任务三　审计组织　013

项目二　审计的对象与目标　024
　　任务一　审计的对象　024
　　任务二　审计的目标　028

项目三　审计依据、审计证据与审计工作底稿　034
　　任务一　审计依据　035
　　任务二　审计证据　041
　　任务三　审计工作底稿　050

项目四　审计方法与技术　054
　　任务一　审计方法　054
　　任务二　审计技术　060

项目五　资产审计　070
　　任务一　流动资产审计　070
　　任务二　非流动资产审计　089

项目六　负债审计与所有者权益审计　　096
　　任务一　流动负债审计　　097
　　任务二　非流动负债审计　　113
　　任务三　所有者权益审计　　118

项目七　收入审计与成本费用审计　　124
　　任务一　营业收入审计　　125
　　任务二　成本费用审计　　131

项目八　审计差异处理与撰写审计报告　　144
　　任务一　审计差异处理　　145
　　任务二　撰写审计报告　　151

项目一

审 计 认 知

  项目描述

通过本项目的学习,可以让学生了解:什么是审计?审计的本质是什么?什么是审计产生的基础?国内外的审计是怎样发展的?审计具有哪些功能?审计的基本职能是什么?审计有哪些方面的作用?我国三种不同类型的审计在国民经济中究竟能发挥哪些方面的作用?

学习目标

1. 掌握审计产生的客观基础
2. 掌握审计基本关系
3. 掌握审计的本质与特征
4. 了解审计的职能与作用
5. 理解审计与会计的区别和联系
6. 掌握审计的不同分类方法与类型
7. 掌握审计组织的设置、职责与权限等

 项目结构(图1-1)

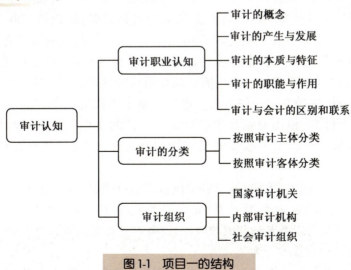

图1-1 项目一的结构

任务一　审计职业认知

任务描述

通过本任务的学习,能知晓国内外审计是怎样发展的,能概括什么是审计,能描述审计与会计的区别和联系,能说出审计的本质与特征。

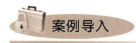
案例导入

红色审计　薪火相传

中国共产党领导下我国的审计事业,是伴随党的诞生和苏维埃政权的建立发展,从无到有,逐步创建并发展起来的。风雨兼程,中国审计事业一脉相承,红色基因早已书写在每一位审计人心中。我们将带您走进瑞金,走进中华苏维埃共和国中央审计委员会旧址,从一间不足十平米的房间说起,一同感受老一辈审计人给我们留下的精神财富。

(资料来源:中华人民共和国审计署官网(视频))

任务准备

一、审计的概念

"审计"一词在我国最早见于《宋史》,从词义上解释,"审"为审查,"计"为会计账目,审计就是审查会计账目。审计发展至今,早已超越了查账的范畴,涉及对各项工作的经济性、效率性和效果性的查核。审计是一项具有独立性的经济监督活动,独立性是审计区别于其他经济监督的特征;审计的基本职能是监督,而且是经济监督,是以第三者身份所实施的监督。审计的主体是从事审计工作的专职机构或专职人员,是独立的第三者,如国家审计机关、会计师事务所及其人员。审计的对象是被审计单位的财政、财务收支及其他经济活动,也就是说审计的对象不仅包括会计信息及其所反映的财政、财务收支活动,还包括其他经济信息及其所反映的其他经济活动。审计的基本工作方式是审查和评价,即搜集证据,查明事实,对照标准,做出对错优劣的判断。审计的主要目标,不仅是审查和评价会计资料及其所反映的财政、财务收支的真实性和合法性,而且还要审查和评价有关经济活动的效益性。

2010年2月2日国务院第100次常务会议修订通过的《中华人民共和国审计法实施条例》第二条对审计所下的定义是,审计是"审计机关依法独立检查被审计单位的会计凭证、会计账簿、财务会计报告以及其他与财政收支、财务收支有关的资料和资产,监督财政收支、财务收支真实、合法和效益的行为"。

我国审计理论和实务工作者普遍认为,审计是由专职机构和人员,对被审计单位的财政、财务收支及其他经济活动的真实性、合法性和效益性进行审查和评价的独立性经济监督活动。这个定义准确地说明了审计的本质,审计的主体、客体,审计的基本工作方式和主要目标。

知识拓展

1. 审计的本质——具有独立性的经济监督活动。
2. 审计的基本职能——监督(经济监督、第三者监督)。
3. 审计的主体——独立的第三者。
4. 审计的客体——被审计单位的财政、财务收支及其他经济活动。
5. 审计的工作方式——审查、评价、报告和传达。

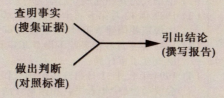

6. 审计的主要目标——真实性、合法性、效益性。

二、审计的产生与发展

(一)审计产生的基础

审计,作为一种经济监督活动,自从有了社会经济管理活动,就必然在一定意义上存在了。所不同的是,在社会发展的各个时期,由于生产力发展水平不同,社会经济管理方式不同,审计的广度、深度和形式也自然各不相同。会计中需要审核稽查的因素,并非是审计产生的根本原因。审计是因授权管理经济活动的需要而产生的,受托经济责任关系才是审计产生的真正基础。

(二)我国审计的发展

1. 我国国家审计的发展(表 1.1-1)

表 1.1-1 我国国家审计的发展

时期	主要内容
古代审计 (公元前 11 世纪至 1840 年)	(1) 国家审计产生于西周,标志为"宰夫"一职出现; (2) 秦、汉审分离,秦代实行御史大夫制度,汉代完善了上计制度; (3) 隋、唐的"比部"审计; (4) 南宋改"诸军诸司专勾司"为"审计院","审计"一词从此出现; (5) 明、清财审合一

续表

时期	主要内容
近代审计 (1840年至1949年)	(1) 民国审计: ① 民国初年,国务院下设"中央审计处"和各省"审计分处",并颁布了有关审计法规。 ② 民国三年改为"审计院",并颁布了审计法及实施规则。 ③ 民国十七年公布审计院组织法。 ④ 民国二十年改为"审计部",隶属监察院。 民国时期审计特点:审计法规完备,形成了完整的体系。 (2) 共产党领导下的革命组织及根据地审计: ① 第一次国内革命战争时期。 ② 第二次国内革命战争时期。 ③ 抗日战争和解放战争时期
现代审计 (1949年至今)	(1) 中华人民共和国成立后学习苏联财审合一制度; (2) 1982年12月第五届全国人民代表大会第五次会议通过的宪法中规定我国建立审计机构,实行审计监督制度; (3) 1983年9月在国务院下设了审计署,县以上各级人民政府相继成立了审计局; (4) 1994年8月31日第八届全国人民代表大会常务委员会第九次会议通过《中华人民共和国审计法》; (5) 1997年国务院发布了《中华人民共和国审计法实施条例》; (6) 根据2021年10月23日第十三届全国人民代表大会常务委员会第三十一次会议《关于修改〈中华人民共和国审计法〉的决定》第二次修正《中华人民共和国审计法》

2. 我国社会审计的发展(表1.1-2)

表1.1-2　　　　　　　　　我国社会审计的发展

时期	主要内容
中华人民共和国成立前的社会审计	(1) 北洋政府1918年颁布了《会计师暂行章程》; (2) 1921年开始在上海设立会计师事务所,先后颁布了《会计师注册章程》等
中华人民共和国成立后的社会审计	(1) 中华人民共和国成立后很长时间取消了社会审计; (2) 1979年开始陆续设立会计顾问处,1980年财政部颁布了《关于成立会计顾问处的暂行规定》,同年5月开始筹备上海公证会计师事务所; (3) 1985年公布了《中华人民共和国会计法》; (4) 1993年全国人大常委会通过《中华人民共和国注册会计师法》; (5) 1995年财政部批准发布了《中国注册会计师独立审计基本准则》等; (6) 2006年2月28日第十届全国人民代表大会常务委员会第二十次会议《关于修改〈中华人民共和国审计法〉的决定》第一次修正《中华人民共和国审计法》。 (7) 2021年10月23日第十三届全国人民代表大会常务委员会第三十一次会议《关于修改〈中华人民共和国审计法〉的决定》第二次修正《中华人民共和国审计法》。并于2022年1月1日施行。

3. 我国内部审计的发展(表 1.1-3)

表 1.1-3　　　　　　　　　　　我国内部审计的发展

时期	主要内容
早期	我国早期的皇室审计、寺院审计均属于内部审计的范畴
民国时期	现代内部审计在民国时期就已诞生,特别在铁路、银行系统,中华人民共和国成立前就有了较为健全的内部稽核制度
中华人民共和国成立初期	我国一些大型专业公司和厂矿企业也曾设有内部审计部门,一些中型企业也设有专职的审计人员,到 1953 年全面学习苏联后才被撤销
现代	我国社会主义内部审计是 1983 年以后逐步建立起来的: 1985 年 12 月 5 日颁布了《审计署关于内部审计工作的若干规定》,进一步明确了在暂行规定中所阐述的内部审计问题; 1995 年 7 月 14 日颁布了《审计署关于内部审计工作的规定》; 2014 年 1 月 1 日起施行《中国内部审计准则》

(三) 西方国家审计的发展

1. 西方国家国家审计的发展

据考证,早在奴隶制度下的古埃及、古罗马和古希腊时代,就有了官厅审计机构及政府审计的事实。审计人员以"听证"(Audit)的方式,对掌管国家财物和赋税的官吏进行考核,成为具有审计性质的经济监督工作。西方封建时期,也设有审计机构和人员,对国家的财政收支进行监督。在资本主义时期,随着社会的发展和资产阶级国家政权组织形式的完善,国家审计也有了进一步的发展。英国的审计具有悠久的历史,英国也成为近代审计的发源地。

2. 西方国家社会审计的发展

西方国家的社会审计是随着资本主义经济的兴起而形成并得到迅速发展的。16 世纪末期,地中海沿岸商品贸易得到发展,出现了由许多合伙人筹资,委托给某些人去经营的商业运行方式。这样就导致了财产所有权与经营权的分离,对经营者进行监督就有了必要,当时便有部分财产所有者聘请会计工作者来承担该项监督检查工作,这就是社会审计的萌芽。1720 年,查尔斯·斯内尔受托对南海公司破产案进行审查,并编制了一份审计报告书,从此,审计正式走向民间。1853 年,在苏格兰的爱丁堡创立了世界上第一个职业会计团体——爱丁堡会计师协会。英国实行特许会计师制度,取得会计师资格必须经过严格的考试和实践。20 世纪初,出于银行信贷业发展的需要,有必要对贷款企业的资产负债表进行分析性审计,借以判断企业的偿债能力,于是美国的会计师突破了详细审计的做法,创立了资产负债审计,即美国式的信用审计。

3. 西方国家内部审计的发展

西方国家的内部审计同样可以追溯到古代和中世纪,由于受托经济责任关系和授权管理的产生,经济组织中的内部经济监督也就有了必要,庄园审计、宫廷审计、行会审计、寺院审计也就因此而产生。不过早期的内部审计与外部审计并无原则上的区别。

三、审计的本质与特征

任何审计都具有三个基本要素,即审计主体、审计客体和审计授权或委托人。审计主体,指审计行为的执行者,即审计机构和审计人员,为审计第一关系人;审计客体,指审计行为的接受者,即被审计的资产代管或经营者,为审计第二关系人;审计授权或委托人,指依法授权或委托审计主体行使审计职责的单位或人员,为审计第三关系人。一般情况下,第三关系人是财产所有者,而第二关系人是资产代管或经营者,他们之间有一种经济责任关系。第一关系人——审计机构和审计人员,在财产所有者和资产代管或经营者之间,处于中间人的地位,要对两方面关系人负责,既要接受授权或委托对被审计单位进行认真审查,又要向授权或委托人(财产所有者)提出审计报告,客观公正地评价资产代管或经营者的责任和业绩。为此,审计机构和审计人员进行审计活动,必须具有一定的独立性,不受其他方面的干扰或干涉,这是审计区别于其他管理的一个根本属性。

审计本质上是一项具有独立性的经济监督活动。审计的本质具有两方面含义:其一,审计是一种经济监督活动,经济监督是审计的基本职能;其二,审计具有独立性,独立性是审计监督的最本质特征,是审计监督区别于其他经济监督的关键所在。审计与经济管理活动、非经济监督活动及其他专业性经济监督活动相比,主要具有以下几方面的基本特征。

(一)独立性

独立性是审计的本质特征,也是保证审计工作顺利进行的必要条件。国内外审计实践经验表明,审计在组织上、人事上、财政上、工作上均具有独立性。为确保审计机构独立地行使审计监督权,审计机构必须是独立的专职机构,应单独设置,与被审计单位没有组织上的隶属关系。为确保审计人员能够实事求是地检查、客观公正地评价与报告,审计人员与被审计单位应当不存在任何经济利益关系,不参与被审计单位的经营管理活动;如果审计人员与被审计单位或审计事项有利害关系,应当回避。审计人员依法行使审计职权应当受到国家法律保护。审计机构和审计人员应依法独立行使审计监督权,必须按照规定的审计目标、审计内容、审计程序开展审计工作,并严格遵循审计准则。审计机构和审计人员应保持执业中精神上的独立性,不受其他行政机关、社会团体或个人的干涉。审计机构应有自己专门的经费来源或一定的经济收入,以保证有足够的经费独立自主地进行审计工作,不受被审计单位的牵制。

(二)权威性

审计的权威性,是保证有效行使审计权的必要条件。审计的权威性总是与独立性相关,它离不开审计机构的独立地位与审计人员的独立执业。权威性主要体现在:

(1)审计机构具有法律的权威性。

(2)审计人员依法执行职务,受法律保护,不得打击报复,不得随意撤换。

(3)审计机构有要求报送资料权、检查权、调查取证权、采取临时强制措施权、建议纠正权、通报、公布审计结果权、处理、处罚权、处分建议权,等等。

(4)审计人员应具备相适应的专业知识和业务能力,应当执行回避制度和负有保密义务,应当保证执业的独立性、准确性和科学性。

(5) 被审计单位应当坚决执行审计决定,否则应责令执行,申请法院强制执行。
(6) 社会审计报告对外具有法律效力。
(7) 内部审计机构是根据法律规定设置的,应具有一定的权威性。

(三) 公正性

与权威性密切相关的是审计的公正性。从某种意义上说,没有公正性,也就不存在权威性。审计的公正性,反映了审计工作的基本要求。审计人员理应站在第三者的立场上进行实事求是的检查,做出不带任何偏见的、符合客观实际的判断,并做出公正的评价和进行公正的处理,以正确地确定或解除被审计人的经济责任。审计人员只有同时保持独立性、公正性,才能取信于审计授权人或委托人及公众,才能真正树立审计权威的形象。

四、审计的职能与作用

(一) 审计的职能

审计的职能是审计自身所具有的内在功能。审计的职能不是一成不变的,它是随着客观环境的变化而发展变化的。

1. 经济监督

审计的经济监督职能,主要是指通过审计,监察和督促被审计单位的经济活动在规定的范围内、正常的轨道上进行;监察和督促有关经济责任者忠实地履行经济责任,同时借以揭露违法违纪行为、稽查损失浪费现象、查明错误弊端、判断管理缺陷、追究经济责任等。经济监督是审计的基本职能。

2. 经济鉴证

审计的经济鉴证职能,是指审计机构和审计人员对被审计单位的会计报表及其他经济资料进行检查和验证,确定其财务状况和经营成果是否真实、公允、合法、合规,并出具书面证明,以便为审计的授权人或委托人提供确切的信息,并取信于公众的一种职能。

3. 经济评价

审计的经济评价职能,是指审计机构和审计人员对被审计单位的经济资料及经济活动进行审查,并依据一定的标准对查明的事实进行分析和判断,肯定成绩,指出问题,总结经验,寻求改善管理和提高效率、效益途径的一种职能。

(二) 审计的作用

审计监督对宏观经济管理和微观经济管理均能发挥以下两方面的作用。

1. 制约作用

审计通过揭露、制止、处罚等手段来制约经济活动中的各种消极因素,以利于各种经济责任的正确履行和社会经济的健康发展。

(1) 揭露背离社会主义方向的经营行为。
(2) 揭露经济资料中的错误和舞弊行为。
(3) 揭露经济生活中的各种不正之风。
(4) 打击各种经济犯罪活动。

2. 促进作用

审计通过调查、评价、提出建议等手段来促进、服务宏观经济调控和微观经济管理,以利于国民经济管理水平和绩效的提高。

(1) 促进经济管理水平和经济效益的提高。
(2) 促进内控制度的建立和完善。
(3) 促进社会经济秩序的健康运行。
(4) 促进正确处理各种经济利益关系。

五、审计与会计的区别和联系

有人认为,审计是从会计中派生出来的,其本质还是与会计有关,事实上,审计与会计是两种不同但又有联系的社会活动。审计与会计的联系主要表现在:审计的主要对象是会计资料及其所反映的财政、财务收支活动。会计资料是审计的前提和基础。会计活动是经济管理活动的重要组成部分,会计活动本身就是审计监督的主要对象。

随着审计的发展,审计与会计的区别越来越突出,主要表现在:一是产生的前提不同。会计是为了加强经济管理,适应对劳动耗费和劳动成果进行核算和分析的需要而产生的;审计是因经济监督的需要,也即为了确定经营者或其他受托管理者的经济责任的需要而产生的。二是性质不同。会计是经营管理的重要组成部分,主要是对生产经营或管理过程进行反映和监督;审计则处于具体的生产经营或管理之外,是经济监督的重要组成部分,主要对财政、财务收支及其他经济活动的真实性、合法性和效益性进行审查,具有外在性和独立性。三是对象不同。会计的对象主要是资金运动过程,也即经济活动的价值方面;审计的对象主要是会计资料和其他经济信息所反映的经济活动。四是方法程序不同,会计方法体系由会计核算、会计分析、会计检查三部分组成,包括记账、算账、报账、用账、查账等内容,其中会计核算方法包括设置账户、复式记账、填制凭证、登记账簿、成本计算、财产清查、会计报表等记账、算账和报账方法,其目的是为管理和决策提供必需的资料和信息;审计方法体系由规划方法、实施方法、管理方法等组成,而实施方法主要是为了确定审计事项,搜集审计证据,对照标准评价,提出审计报告与决定,使用资料检查法、实物检查法、审计调查法、审计分析法、审计评价法等,其目的是完成审计任务。五是职能不同。会计的基本职能是对经济活动过程进行记录、计算、反映和监督;审计的基本职能是监督,此外还包括评价和公证。虽说会计也具有监督职能,但这种监督是一种自我监督行为,主要通过会计检查来实现,会计检查或查账,只含有检查会计账目之意,主要针对会计业务活动本身;而审计既包括检查会计账目,又包括对计算行为及所有的经济活动进行实地考察、调查、分析、检验,即含有审核稽查计算之意。会计检查只是各个单位财会部门的附带职能;而审计是独立于各个单位财会部门之外的专职监督检查。会计检查的目的主要是保证会计资料的真实性和准确性,其检查范围、深度、方式均受到限制;而审计的目的在于证实财政、财务收支的真实性、合法性、效益性,检查会计资料是实现审计目的的手段之一,而不是唯一手段。

任务实施

一、单项选择题

1. 审计是因授权管理（　　）的需要而产生的。
   A. 社会活动　　　B. 公众活动　　　C. 经济活动　　　D. 政府活动
2. 因为企业的所有权与（　　）有了一定程度的分离，而需要委托第三者审查。
   A. 追索权　　　B. 经营权　　　C. 请求权　　　D. 合法经济权益
3. 我国国家审计产生于（　　）。
   A. 宋朝　　　B. 西周时期　　　C. 隋唐时期　　　D. 元明清时期
4. （　　），审计与会计由合一而渐次分离。
   A. 秦汉时期　　　B. 西周时期　　　C. 隋唐时期　　　D. 元明清时期
5. （　　）是审计的基本职能。
   A. 经济鉴证　　　B. 经济评价　　　C. 经济监督　　　D. 经济监管
6. 审计产生和发展的基础是（　　）。
   A. 查错纠弊的要求　　　　　　　B. 会计管理活动的产生和发展
   C. 维系受托经济责任关系　　　　D. 保证财产的完全和完整
7. 审计的（　　），主要是指通过审计，监察和督促被审计单位的经济活动在规定的范围内、正常的轨道上进行。
   A. 经济监督职能　　　　　　　B. 经济鉴证职能
   C. 经济评价职能　　　　　　　D. 风险评估职能
8. 元明清各朝，君主专制日益强化，审计在总体上是（　　）的。
   A. 停滞不前　　　B. 不断演进　　　C. 日益振兴　　　D. 最终消亡
9. 在审计工作中，揭露审计对象的差错和弊端，属于审计的（　　）。
   A. 制约作用　　　B. 促进作用　　　C. 建设性作用　　　D. 宏观调控作用
10. 审计产生的客观条件是（　　）。
    A. 剩余产品的出现，产生了记录的需要，也就对应产生对其监督的需求
    B. 社会分工的产生，使得一部分人专门从事独立的查账活动
    C. 受托经济责任关系的出现，需要对这一责任关系进行确认或解除
    D. 英国南海公司破产，使人们认识到需要独立的经济监督来保护利益相关者的利益

二、思考题

1. 什么是审计产生的客观基础？
2. 什么是受托经济责任关系？什么是审计关系？
3. 什么是审计的本质？
4. 审计主要有哪些特征？

任务二　审计的分类

任务描述

通过本任务的学习,能知晓审计的分类方法,能概括按照审计主体该如何分类,能描述按照审计客体该如何分类,能按照一定的标准将性质相同或相近的审计活动归为一种审计类型。

案例导入

党史里的审计故事

百年征程波澜壮阔,百年初心历久弥坚。让我们一起走进历史深处,在讲述老故事、挖掘新故事中感受审计人的梦想与追求、情怀与担当。

(资料来源:中华人民共和国审计署官网(视频))

任务准备

一、按照审计主体分类

(一)按照不同审计主体所实施的审计分类

按照不同审计主体所实施的审计分类,审计可分为国家审计、部门和单位审计及社会中介审计(表1.2-1)。

1. 国家审计

国家审计一般是指国家组织和实施的审计,确切地讲,是指国家专设的审计机关所进行的审计。我国国务院审计署及派出机构和地方各级人民政府审计厅(局)所组织和实施的审计,均属于国家审计。我国国家审计机关代表政府实行审计监督,依法独立行使审计监督权。

2. 部门和单位审计

部门和单位审计是指由本部门和本单位内部专职的审计组织,对系统内和单位内所进行的审计。该种审计属于内部审计,其审计组织独立于财会部门之外,直接接受本部门本单位最高负责人领导,并向他报告工作。

部门审计,是指由政府部门或企业主管部门的审计机构或专职审计人员,对本部门及其所属单位的财政、财务收支及经济活动所进行的审计。

单位审计,是指由企事业单位内部设置的审计机构或专职审计人员,对本单位范围的经济活动所进行的审计。

3. 社会中介审计

社会中介审计是指由注册会计师所进行的独立审计。我国社会中介审计组织主要是会计师事务所。

表1.2-1　　　　　　　　　　　　按照审计主体分类

比较项目	国家审计	部门和单位审计	社会中介审计
审计主体	国家审计机关	内部审计部门	会计师事务所
审计准则	政府审计准则	内部审计准则	独立审计准则
审计目标	财政、财务收支的真实性、合法性和效益性	会计及相关信息的真实性、合法性和效益性	会计报表的合法性、公允性
审计结果提交对象	本级政府首长和上一级审计机关	本单位主要负责人(总经理)和权力机构(董事会)	委托人
对被审计单位是否具有处罚权	是	否	否
是否需要接受被审计单位委托后才能提供审计服务	否	否	是
被审计单位是否需要支付审计费用	否	否	是

(二) 按照审计执行主体与被审计单位的隶属关系分类

按照审计执行主体与被审计单位的隶属关系分类,审计可分为内部审计和外部审计。

1. 内部审计

内部审计是指部门、单位实施的内部监督,是依法检查资产、负债及损益,监督财政收支或财务收支真实性、合法性和效益性的活动。

2. 外部审计

外部审计是指独立于被审计单位之外的国家审计机关和社会中介审计组织所进行的审计。由于外部审计是由本部门、本单位以外的审计组织以第三者身份独立进行的,所以具有公正和客观的性质。

二、按照审计客体分类

(一) 按照审计的目的和内容分类

1. 财政、财务审计和财经法纪审计

它也被称为传统审计,在西方国家叫作财务审计或依法审计。它是指对被审计单位的财政、财务收支活动所进行的真实性和合法性审查,其目的是检查财政、财务收支的真实性和合法性。

2. 经济效益审计

它是指以审查和评价实现经济效益的程度和途径为内容,以促进经济效益提高为目的所进行的审计。

3. 经济责任审计

它是指以审查经营者应负经济责任为主要目的所进行的审计。

4. 专项审计调查

它是指对与国家财政收支有关或本级人民政府交办的特定事项所进行的专门调查活动。

5. 鉴证业务

它是指对被鉴证事项或与被鉴证事项有关的管理当局的说明与陈述进行检查、审核或执行商定程序并报告其结果的活动。

(二) 按照审计客体机构的性质分类

1. 政府审计

政府审计是指国家特设的审计机关对政府机关的财政、财务收支及各种经济资料所进行的审计。

2. 企业审计

企业审计是指在企业单位或具有企业性质的事业单位开展的对经济活动和各种经济资料所进行的审计。

任务实施

一、单项选择题

1. 对被审计单位具有处罚权的是( )。
   A. 部门审计　　　　　　　　B. 社会审计
   C. 政府审计　　　　　　　　D. 内部审计
2. 按照( )分类,审计可分为内部审计和外部审计。
   A. 审计主体
   B. 审计客体
   C. 审计主体与被审计单位的隶属关系
   D. 审计对象
3. ( )是对政府机关和企事业单位严重违反财经法纪行为所进行的专案审计。
   A. 财政、财务审计　　　　　B. 经济效益审计
   C. 财经法纪审计　　　　　　D. 经济责任审计
4. 下列选项中,完全正确的一项是( )。
   A. 政府审计的审计主体是国家审计机关
   B. 部门审计对被审计单位具有处罚权
   C. 社会审计的审计结果提交对象是本单位主要负责人
   D. 政府审计需要接受委托后才能提供审计服务
5. 社会审计的审计结果提交对象是( )。
   A. 本级政府首长　　　　　　B. 委托人
   C. 单位负责人　　　　　　　D. 权力机构

6. 财经法纪审计的重点是( )。
   A. 审查和揭露各种弊端　　　　　　B. 提高和改善经济效益
   C. 制止和处罚各种违法行为　　　　D. 建议和促进经济发展
7. 我国社会审计的审计主体是( )。
   A. 国家审计机关　　　　　　　　　B. 内部审计部门
   C. 会计师事务所　　　　　　　　　D. 注册会计师协会
8. 社会审计的审计准则是( )。
   A. 独立审计准则　　　　　　　　　B. 社会审计准则
   C. 民间审计准则　　　　　　　　　D. 内部审计准则

二、多项选择题

1. 按照不同审计主体所实施的审计分类,审计可分为( )。
   A. 国家审计　　B. 部门审计　　C. 单位审计　　D. 社会中介审计
2. 审计按照审计主体与被审计单位的隶属关系可分为( )。
   A. 内部审计　　B. 国家审计　　C. 外部审计　　D. 部门审计
3. 下列选项中,错误的选项有( )。
   A. 经济责任审计是指以审查经营者应负经济责任为主要目的所进行的审计
   B. 社会审计的审计准则是社会审计准则
   C. 部门审计对被审计单位具有处罚权
   D. 社会审计中,被审计单位不需要支付审计费用
4. 审计按内容和目的划分为( )。
   A. 财政、财务审计　　　　　　　　B. 财经法规审计
   C. 经济效益审计　　　　　　　　　D. 经济责任审计
5. 审计的主体有( )。
   A. 国家审计机关　　　　　　　　　B. 内部审计部门
   C. 会计师事务所　　　　　　　　　D. 部门审计机关

任务描述

通过本任务的学习,能概括作为审计主体的各类审计组织是怎样设置的,能描述各类审计组织有哪些职责和权限,能知晓作为审计主体的各类审计人员应具备哪些方面的资格条件。

 案例导入

国家审计与百姓故事

通过审计的助力,党的"三农"政策措施如何落实?如何保障市场供应、稳定市场价

格、促进食品安全、提高"菜篮子"专项资金使用绩效?如何将养老工作真正做到老年人的心坎上?民生资金如何更好地发挥效益?让我们一起在《国家审计与百姓故事》中寻找答案。

(资料来源:中华人民共和国审计署官网(视频))

任务准备

一、国家审计机关

(一)国家审计机关的隶属模式

国家审计机关是代表国家依法行使监督权的行政机关,它具有国家法律赋予的独立性和权威性。由于世界各国的文化传统和政治体制不同,国家的最高审计机关的隶属关系和地位也有很大差别。其主要类型有以下四种。

1. 立法型

立法型的国家最高审计机关隶属立法部门,依照国家法律赋予的权力行使审计监督权。立法型审计机关地位高、独立性强,不受行政当局的控制和干预。

2. 司法型

司法型的国家最高审计机关隶属司法部门,拥有很强的司法权。司法型审计机关可以直接行使司法权力,具有司法地位,具有很高的权威性。

3. 行政型

行政型的国家最高审计机关隶属行政部门,它是行政部门中的一个职能部门,根据国家赋予的权限,对政府所属各级、各部门、各单位的财政、财务收支活动进行审计。行政型审计机关依据行政法规进行审计工作,其独立性差,基本上不具备法律约束力。

4. 独立型

独立型的国家最高审计机关介于立法、司法及行政部门之间,难以确定其从属类型。这类审计机关只受法律约束,而不受国家机关的直接干预。

(二)我国审计机关的设置

审计机关,一般是指审计权力的承担者、审计监督活动的实施者。因此,审计机关就是能以自己的名义实施审计监督权的组织机构。我国审计机关是国家行政机关的组成部分,是根据宪法、审计法及其他有关法律的规定建立起来并进行活动的。

1. 中央审计机关

中华人民共和国审计署成立于1983年9月15日,它是国务院所属部委级的国家机关,是我国最高审计机关。根据工作需要,审计机关有必要在重点地区和部门派出审计特派员,设立审计派出机构。

知识拓展

中华人民共和国审计署机构设置

21个内设机构：办公厅、政策研究室、法规司、审理司、内部审计指导监督司、电子数据审计司、财政审计司、税收征管审计司、行政事业审计司、农业农村审计司、固定资产投资审计司、社会保障审计司、自然资源和生态环境审计司、金融审计司、企业审计司、涉外审计司、经济责任审计司、国际合作司（港澳台办公室）、人事教育司、机关党委（巡视工作办公室）、离退休干部办公室（副司局级）。

10个直属单位：审计署机关服务局、审计署计算机技术中心、审计署审计科研所、中国审计报社、中国时代经济出版社有限公司（原中国审计出版社）、审计署审计干部培训中心（审计宣传中心）、中国审计学会、审计署国外贷援款项目审计服务中心、审计博物馆、审计署审计干部教育学院。

30个派出审计局：审计署中央机关审计局、审计署宣传审计局、审计署统战审计局、审计署外交审计局、审计署政法审计局、审计署教育审计局、审计署科学技术审计局、审计署工信建设审计局、审计署民政社保审计局、审计署资源环境审计局、审计署交通运输审计局、审计署农业水利审计局、审计署贸易审计局、审计署卫生体育审计局、审计署社会管理审计局、审计署经济执法审计局、审计署广电通讯审计局、审计署发展统计审计局、审计署群团文化审计局、审计署金融审计一局、审计署金融审计二局、审计署金融审计三局、审计署企业审计一局、审计署企业审计二局、审计署企业审计三局、审计署企业审计四局、审计署企业审计五局、审计署企业审计六局、审计署企业审计七局、审计署企业审计八局。

18个驻地方特派员办事处：京津冀特派员办事处、太原特派员办事处、沈阳特派员办事处、哈尔滨特派员办事处、上海特派员办事处、南京特派员办事处、武汉特派员办事处、广州特派员办事处、郑州特派员办事处、济南特派员办事处、西安特派员办事处、兰州特派员办事处、昆明特派员办事处、成都特派员办事处、长沙特派员办事处、深圳特派员办事处、长春特派员办事处、重庆特派员办事处。

2. 地方审计机关

它是指省、自治区、直辖市、设区的市、自治州、县、自治县、不设区的市、直辖区人民政府设立的审计组织，负责本行政区域内的审计工作。地方审计机关也是根据宪法、审计法有关条文规定设立的，同样也具有法律地位。

我国地方审计机关实行双重领导，对本级人民政府和上一级审计机关负责并向其报告工作，审计业务以上一级审计机关领导为主。根据审计法的有关规定，我国地方审计机关也可以在其审计管辖范围内派出审计特派员，但应由本级人民政府决定，并报上一级审计机关备案。

我国审计组织体系的主要特征是：我国国家审计实行行政审计模式；国家审计机关对内部审计进行业务指导和监督，对社会中介机构审计业务质量进行监督检查。

(三) 我国审计机关的职责和权限

1. 我国审计机关的职责

审计机关的职责是指国家法律、行政法规规定的审计机关应当完成的任务和承担的责任。我国审计机关的基本职责是对国家财政收支和与国有资产有关的财务收支进行审计监督。其具体表现为以下十种：

(1) 财政收支审计职责。

(2) 财务收支审计职责。

(3) 效益审计职责。

(4) 经济责任审计职责。

(5) 专项审计调查职责。

(6) 审计管辖范围确定的职责。

(7) 管理审计工作的职责。

(8) 对内部审计进行业务指导和监督的职责。

(9) 对社会中介机构审计业务质量进行监督检查的职责。

(10) 其他法律、行政法规规定的审计职责。

2. 我国审计机关的权限

审计机关的权限是指国家通过法律赋予审计机关在审计监督过程中所享有的资格和权能，也就是审计监督权。其具体表现为以下六种：

(1) 监督检查权。

(2) 采取临时强制措施权。

(3) 提请协助权。

(4) 通报或公布审计结果权。

(5) 处理处罚权。

① 对被审计单位拒绝、阻碍审计工作的处理处罚权。

② 对被审计单位违反预算或其他违反国家规定的财政收支行为的处理处罚权。

③ 对被审计单位违反国家规定的财务收支行为的处理处罚权。

(6) 建议纠正处理权。

我国审计机关的权限，还具有以下三方面的基本特征：

(1) 我国审计机关的权限是一种行政监督权。一是我国审计机关是综合性经济监督机关，其权限是一种经济监督权；二是我国审计机关是国家行政机关，其权限也是一种行政监督权，既不是立法监督权，也不是司法监督权。

(2) 行使审计机关权限的主要是国家审计机关。我国审计机关代表国家行使国家审计监督权，既不同于各项专业经济监督权，也不同于内部审计行使的内部审计监督权，依照宪法和审计法的规定，国家审计监督权只能由各级国家审计机关行使。

(3) 审计机关权限的内容具有广泛性。我国审计机关具有监督检查权、采取临时强制措施权、通报或公布审计结果权、处理处罚权、建议纠正处理权等，内容十分广泛，这对审计机关依法独立履行审计监督职责是十分必要的。

（四）我国审计机关的审计原则

我国宪法和审计法确定了我国审计机关进行审计监督的基本原则是：依法审计和独立审计。

二、内部审计机构

我国的内部审计机构是指在部门、单位内部从事组织和办理审计业务的专门组织。它是我国审计主体的重要组成部分。

（一）内部审计机构的设置

根据内部审计工作的规定，国家机关、金融机构、企业事业组织、社会团体及其他单位，应当按照国家规定建立健全内部审计制度。

（1）法律、行政法规规定设立内部审计机构的单位，必须设立独立的内部审计机构（图1.3-1）。

图1.3-1 必须设立内部审计的单位

（2）法律、行政法规没有明确规定设立内部审计机构的单位，可以根据需要设立内部审计机构，配备内部审计人员。

（3）有内部审计工作需要且不具有独立的内部审计机构设立条件和人员编制的国家机关，可以授权本单位内设机构履行内部审计职责。

（4）设立内部审计机构的单位，可以根据需要设立审计委员会，配备总审计师。

根据内部审计机构设置的范围，我国内部审计机构包括部门内部审计机构和单位内部审计机构。部门内部审计机构，指国务院和县以上地方各级人民政府按行业划分的业务主管部门设置的专门审计机构。单位内部审计机构，指企业、事业单位等设置的专门机构。

我国内部审计机构在本单位主要负责人或权力机构的领导下开展工作，依照国家法律、法规和政策，以及本部门、本单位的规章制度，对本单位及所属单位的财政、财务收支及其经济效益进行内部审计监督，独立行使内部审计监督权。

（二）内部审计机构的隶属模式

关于企业内部审计机构的领导体制，国内外基本上有三种类型：一是受本单位总会计师或主管财务的副总经理领导；二是受本单位总经理（厂长）或总裁领导；三是受本单位董事会或其下属审计委员会领导。事业单位及行政机关的内部审计机构则由最高管理者或其他副职领导。

企业应当按照国家有关规定，设立相对的内部审计机构，配备相应的专职工作人员，建立健全内部审计工作规章制度，有效开展内部审计工作，强化企业内部监督和风险控制。隶属模式与公司治理模式有直接关系。不同公司治理模式的内部监督特点也不同。五种隶属模式为：

(1) 隶属财务副总(财务总监)。

(2) 隶属总经理(总裁)。

(3) 隶属监事会。

(4) 隶属董事会。

(5) 隶属董事会领导的审计委员会。

(三) 内部审计的职责和权限

内部审计机构或者履行内部审计职责的内设机构应当按照国家有关规定和本单位的要求，履行下列职责：

(1) 对本单位及所属单位贯彻落实国家重大政策措施情况进行审计；

(2) 对本单位及所属单位发展规划、战略决策、重大措施以及年度业务计划执行情况进行审计；

(3) 对本单位及所属单位财政财务收支进行审计；

(4) 对本单位及所属单位固定资产投资项目进行审计；

(5) 对本单位及所属单位的自然资源资产管理和生态环境保护责任的履行情况进行审计；

(6) 对本单位及所属单位的境外机构、境外资产和境外经济活动进行审计；

(7) 对本单位及所属单位经济管理和效益情况进行审计；

(8) 对本单位及所属单位内部控制及风险管理情况进行审计；

(9) 对本单位内部管理的领导人员履行经济责任情况进行审计；

(10) 协助本单位主要负责人督促落实审计发现问题的整改工作；

(11) 对本单位所属单位的内部审计工作进行指导、监督和管理；

(12) 国家有关规定和本单位要求办理的其他事项。

内部审计机构或者履行内部审计职责的内设机构应有下列权限：

(1) 要求被审计单位按时报送发展规划、战略决策、重大措施、内部控制、风险管理、财政财务收支等有关资料(含相关电子数据，下同)，以及必要的计算机技术文档；

(2) 参加单位有关会议，召开与审计事项有关的会议；

(3) 参与研究制定有关的规章制度，提出制定内部审计规章制度的建议；

(4) 检查有关财政财务收支、经济活动、内部控制、风险管理的资料、文件和现场勘察实物；

(5) 检查有关计算机系统及其电子数据和资料；

(6) 就审计事项中的有关问题，向有关单位和个人开展调查和询问，取得相关证明材料；

(7) 对正在进行的严重违法违规、严重损失浪费行为及时向单位主要负责人报告，经同意作出临时制止决定；

(8) 对可能转移、隐匿、篡改、毁弃会计凭证、会计账簿、会计报表以及与经济活动有关的资料，经批准，有权予以暂时封存；

(9) 提出纠正、处理违法违规行为的意见和改进管理、提高绩效的建议；

(10) 对违法违规和造成损失浪费的被审计单位和人员,给予通报批评或者提出追究责任的建议；

(11) 对严格遵守财经法规、经济效益显著、贡献突出的被审计单位和个人,可以向单位党组织、董事会(或者主要负责人)提出表彰建议。

三、社会审计组织

(一) 社会审计组织的设置

我国社会审计组织是指根据国家法律或条例规定,经政府有关部门审核批准注册登记的会计师事务所和其他审计咨询机构。

会计师事务所是国家批准、依法设立并独立承办注册会计师业务的机构,实行有偿服务、自收自支、独立核算、依法纳税。会计师事务所是注册会计师的工作机构,注册会计师只有加入会计师事务所才能承接业务。

(二) 会计师事务所的设立与审批

我国会计师事务所大致有四种类型：一是直接由财政部批准成立的会计师事务所；二是由省、自治区、直辖市财政厅(局)批准成立的会计师事务所；三是我国注册的会计师事务所与国际会计公司合作成立的会计师事务所；四是由审计事务所更名的会计师事务所。

1. 有限责任会计师事务所的设立与审批

有限责任会计师事务所是指由单位发起设立的会计师事务所。有限责任会计师事务所注册资本不少于30万元；有一定数量的专职从业人员,其中至少有5名注册会计师；符合国务院财政部门规定的业务范围和其他条件。发起单位以其出资额对会计师事务所承担责任,会计师事务所以其全部资产对其债务承担责任。

2. 合伙会计师事务所的设立与审批

根据《中华人民共和国注册会计师法》(以下简称《注册会计师法》)的规定,会计师事务所可以由注册会计师合伙设立。合伙设立的会计师事务所的债务,由合伙人按照出资比例或者协议的约定,以各自的财产承担责任。合伙人对会计师事务所的债务承担连带责任。

(三) 会计师事务所的业务范围

会计师事务所的业务范围,也即注册会计师的业务范围。根据《注册会计师法》第十四条、第十五条及其他法律、行政法规的规定,我国注册会计师可以办理以下三方面的业务。

1. 审计业务

(1) 审查企业会计报表,出具审计报告。

(2) 验证企业资本,出具验资报告。

(3) 办理企业合并、分立、清算事宜中的审计业务,出具有关报告。

(4) 办理法律、行政法规规定的其他审计业务。

2. 会计咨询、会计服务业务

(1) 设计财务会计制度。

(2) 担任会计顾问,提供会计、财务、税务和其他经济管理咨询。

(3) 代理记账。

(4) 代理纳税申报。

(5) 代办申请注册登记，协助拟定合同、协议、章程及其他经济文件。

(6) 培训会计人员。

(7) 审核企业前景财务资料。

(8) 资产评估。

(9) 参与进行可行性研究。

(10) 其他会计咨询和会计服务业务。

3. 其他法定审计业务

（四）会计师事务所的权限与义务

会计师事务所和注册会计师在承接业务和执业中，具有以下权限：

(1) 会计师事务所受理业务，不受行政区域、行业的限制。

(2) 委托人委托会计师事务所办理业务，任何单位和个人不得干预；注册会计师和会计师事务所依法独立、公正执行业务，受法律保护。

(3) 注册会计师执行业务，可以根据需要查阅委托人的有关会计资料和文件，查看委托人的业务现场和设施，要求委托人提供其他必要的协助。

(4) 注册会计师执行审计业务，遇有下列情形之一的，应当拒绝出具有关报告：

① 委托人示意做不实或者不当证明的；

② 委托人故意不提供有关会计资料和文件的；

③ 因委托人有其他不合理要求，致使注册会计师出具的报告不能对财务会计的重要事项做出正确表述的。

会计师事务所和注册会计师在执业中应遵循下列规则：

(1) 注册会计师和会计师事务所执行业务，必须遵守法律、行政法规。

(2) 注册会计师承办业务，由其所在的会计师事务所统一受理并与委托人签订委托合同。

(3) 注册会计师与委托人有利害关系的，应当回避；委托人有权要求其回避。

(4) 注册会计师对在执行业务中知悉的商业秘密，负有保密义务。

(5) 注册会计师执行审计业务，必须按照执业准则、规则确定的工作程序出具报告。

(6) 注册会计师不得有任何违反职业道德的行为。

(7) 会计师事务所应依法纳税。

（五）社会中介审计的管理

财政部门应当按照《注册会计师法》的规定和依法行政的要求，加强对注册会计师、会计师事务所、注册会计师协会的监督、指导，认真履行审批会计师事务所、审批注册会计师执业准则和规则、对违法的会计师事务所和注册会计师实施行政处罚等行政职能，进一步规范和加强对注册会计师行业的监管。注册会计师协会应当加强自律性管理、维护注册会计师合法权益、提供专业支持和法律援助等，努力为注册会计师执业和行业发展服务。

根据中华人民共和国审计法（2021）第三十三条规定，社会审计机构审计的单位依法属于被审计单位的,审计机关按照国务院的规定,有权对该社会审计机构出具的相关审计报告进行核查。也就是说国家对从事审计业务的社会审计机构监督管理职能进行了调整,将指导、管理和监督的职能划归财政部。

任务实施

一、单项选择题

1. 国家审计机关对(　　)进行业务指导和监督。
   A. 地方审计机关　　　　　　　B. 社会中介组织
   C. 内部审计　　　　　　　　　D. 社会审计组织

2. (　　)进行监督检查。
   A. 国家审计机关对审计业务质量
   B. 社会中介机构对审计业务质量
   C. 内部审计组织对审计业务质量
   D. 社会中介机构对审计业务经营情况与获利能力

3. 地方各级审计机关在(　　)和上一级审计机关的领导下,负责本行政区域内的审计工作。
   A. 本级人民政府最高行政首长　　B. 本级财政部门
   C. 本级人民政府　　　　　　　　D. 市委书记

4. 审计署在(　　)的领导下,主管全国审计工作。
   A. 国家主席　　B. 全国人大　　C. 国务院总理　　D. 高等法院

5. (　　)应当保证内部审计机构所必需的审计工作经费,并列入企业年度财务预算。
   A. 企业　　　　　　　　　　　B. 国家审计机关
   C. 当地人民政府　　　　　　　D. 其他社会机构

6. 下列不属于会计师事务所的审计业务范围的是(　　)。
   A. 审查企业会计报表,出具审计报告
   B. 验证企业资本,出具验资报告
   C. 办理企业合并、分立、清算事宜中的审计业务,出具有关报告
   D. 设计财务会计制度

7. 下列不属于会计师事务所的会计业务范围的是(　　)。
   A. 审查企业会计报表,出具审计报告
   B. 设计财务会计制度
   C. 审核企业前景财务资料
   D. 代办申请注册登记,协助拟定合同、协议、章程及其他经济文件

8. 《注册会计师法》规定,(　　)履行对注册会计师行业的监管职能。
   A. 审计部门　　　　　　　　　B. 中注协
   C. 财政部门　　　　　　　　　D. 人民政府

二、多项选择题

1. 审计署具有双重法律地位,主要表现在(　　)。
   A. 它是国务院的组成部门
   B. 它是全国人大的组成部门
   C. 它是企业内部的组成部门
   D. 它有自己的职责范围,对自己所管辖的事项,以独立的行政主体从事活动

2. 审计署按统一领导、分级负责的原则组织和领导全国的审计工作,其主要职责是(　　)。
   A. 接受委托起草审计法律、行政法规草案,提出修改审计法律、行政法规的草案
   B. 制定审计工作的方针、政策,发布审计工作的命令、指示和规章,确定审计工作重点,编制全国审计项目计划
   C. 办理审计管辖范围内的审计事项,组织、指导全国性行业和专项资金审计,组织、实施对与国家财政收支有关的特定事项的专项审计调查
   D. 领导、管理全国审计机关的审计业务和其他审计工作,制定审计准则

3. 下列对地方审计机关的描述正确的是(　　)。
   A. 它是各级人民政府的一个职能部门
   B. 直接对本级人民政府行政首长负责
   C. 地方审计机关对自己管辖范围内的审计事项,以独立的行政主体资格从事活动
   D. 地方审计机关按照国家法律和本级人民政府的政策、决议行使权力,处理行政事务

4. 我国审计机关的监督范围包括(　　)。
   A. 国务院各部门   B. 地方各级人民政府及其各部门
   C. 国有的金融机构和企业事业组织   D. 各大上市公司经营情况

5. 审计机关具体职责表现为以下(　　)方面。
   A. 对内部审计进行业务指导和监督的职责
   B. 对社会中介机构审计业务质量进行监督检查的职责
   C. 专项审计调查职责
   D. 经济责任审计职责

6. 我国审计机关进行审计监督的基本原则是(　　)。
   A. 公允审计   B. 依法审计
   C. 独立审计   D. 有效审计

7. 必须设立独立的内部审计机构的有(　　)。
   A. 县级以上国有金融机构
   B. 国有资产占控股地位或主导地位的大中型企业
   C. 财政、财务收支金额较大或所属单位较多的国家事业单位
   D. 国有大中型企业

三、判断题

1. 国家审计机关是代表国家依法行使监督权的行政机关,它具有国家法律赋予的独立性和权威性。　　　　　　　　　　　　　　　　　　　　　　　　(　　)

2. 立法型的国家最高审计机关隶属行政部门,依照国家法律赋予的权力行使审计监督权。（　　）

3. 我国实行审计监督制度,国务院设立审计机关,市级以上的地方各级人民政府设立审计机关。（　　）

4. 内部审计人员具有参与制定和提出制度权,参与研究制定有关的规章制度,提出内部审计规章制度,由单位审定公布后施行。（　　）

5. 内部审计机构应当遵守内部审计准则、规定,按照单位主要负责人或权力机构的要求实施审计。（　　）

6. 我国社会中介审计机构是指根据国家法律或条例规定,经政府有关部门审核批准、注册登记的审计事务所、会计师事务所和其他审计咨询机构。（　　）

7. 审计机关对行政机关、国家的事业单位、国有及国有资产占控股地位或主导地位的企业和金融机构主要负责人及使用财政资金的其他机关和社会团体主要负责人履行经济责任情况进行审计监督。（　　）

四、简答题

1. 国家审计机关的隶属模式有哪四大类？它们各自的权力、特点分别是什么？
2. 我国审计机关实行双重领导体制,那么请你描述一下什么是双重领导体制。
3. 按规定必须设立内部审计机构的单位与部门有哪些？
4. 我国内部审计机构的隶属模式(请按照独立性由高到低排列)是怎样的？
5. 会计师事务所的业务范围主要包括哪三大类？

项目二

审计的对象与目标

 项目描述

无论是传统审计,还是现代审计,它们都是一种有目的的经济监督活动。它们不仅有特定的审查对象,而且有一定层次的审查目标,还可以按照不同分类标准进行分类。什么是审计客体?传统的和现代的审计对象有何不同?审计目标有何变化?这是本章所要阐述的主要问题。

 **学习目标**

1. 了解和掌握审计的对象及其发展变化
2. 了解审计目标的概念
3. 掌握审计的总体目标和具体目标

 项目结构(图2-1)

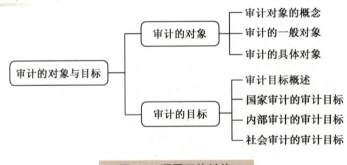

图2-1 项目二的结构

任务一 审计的对象

 任务描述

通过本任务的学习,能了解审计对象的概念。

案例导入

在三峡项目中,国家审计署是否可以审计三峡工程的建设方?是否可以审计设计单位和监理单位以及与三峡工程有关的水泥供应商呢?

任务准备

一、审计对象的概念

审计对象或审计客体,即参与审计活动并享有审计权利和承担审计义务的主体所作用的对象,它是对被审计单位和审计范围所做的理论概述。从其定义可知,审计对象包含两层含义:其一是外延上的审计实体,即被审计单位;其二是内涵上的审计内容或审计内容在范围上的限定。

二、审计的一般对象

纵观中外审计史,传统审计对象和现代审计对象是不同的。传统的审计对象主要是被审计单位的财政、财务收支。它是以会计资料及其所反映的财务收支为主要对象的审计。20世纪下半叶,为了适应经济的发展,现代审计对象的内涵有所扩大。审查对象超出了原有的财政财务收支活动的范围,而扩展到影响经济效益的生产经营管理等各个方面,除了会计资料外,还有计划、统计以及其他各种资料,如合同、协议、决策、预算、章程等。概括起来,审计的一般对象是被审计单位的会计资料及其他有关经济资料所反映的财政、财务收支及其有关经济活动。

(一)被审计单位的会计资料及其他有关经济资料

1. 会计报表

会计报表审计的内容包含两个方面,即常规性审查和实质性审查。会计报表常规性审查即报表形式的审查;会计报表实质性审查即报表内容的审查,主要包括报表内容真实性、合法性审查和报表内容合理性、有效性审查。

2. 会计账簿

会计账簿是重要的会计资料之一,无论进行什么样的审计,都离不开对会计账簿的审查。可以说对会计账簿的审查是会计资料审计的中心环节,在整体审计活动中处于极为重要的地位。

3. 会计凭证

会计凭证是最为重要的会计资料。它是证明经济业务和财务收支的发生情况,明确相应的经济责任,进行会计核算的合法依据。事实上任何错弊的认定,最终都会反映在会计凭证上,任何经济事项的来龙去脉都会反映在会计凭证上。因此,审计中要查明任何问题最终要落实到对经济凭证的鉴别上。

4. 其他相关经济资料

知识拓展

1. 会计报表
（1）会计报表常规性外在形式的审查
对报表常规性外在形式的审查，主要是查明报表的编制是否符合制度的规定。
（2）会计报表内容的真实性、合法性审查
报表内容的真实性、合法性审查就是要查明报表所反映的经营情况、财务状况和财务成果是否真实、合法。
（3）会计报表内容的合理性、有效性审查
报表的合理性、有效性审查，主要是查明报表所反映的经济活动是否经济、有无效率和效果。这方面的审查，一般是对报表上提供的数据指标间的比例关系进行分析。

2. 会计账簿
（1）会计账簿外在形式的审查
会计账簿外在形式的审查，主要是查明会计账簿的设置和使用是否符合有关规定的要求。
（2）会计账簿真实性、合法性审查
会计账簿真实性、合法性审查，主要是查明会计账簿所反映的经济活动是否真实与合法。
（3）会计账簿内容合理性、有效性的审查
会计账簿内容合理性、有效性的审查，主要是查明会计账簿所反映的有关经济活动是否合理和有效，这方面的审查主要是对会计账簿上的内容摘要进行分析。

3. 会计凭证
（1）会计凭证外在形式的鉴别
会计凭证外在形式的鉴别，主要是查明会计凭证的取得和填制是否符合有关的规定。
（2）会计凭证内容真实性、合法性的审查
会计凭证真实性、合法性的审查，主要是要查明会计凭证所反映的经济业务内容是否真实、合法。
（3）会计凭证内容合理性、有效性的审查
会计凭证内容合理性、有效性的审查，主要是查明凭证所反映的经济业务是否合理和有效。

（二）被审计单位的财政、财务收支及其有关经济活动

1. 财政收支
（1）本级财政预算执行情况的审计。

(2) 本级政府各部门和下级政府的预算执行情况和决算的审计。
(3) 预算外资金的审计。

2. 财务收支

(1) 金融机构的财务收支审计。
(2) 事业组织的财务收支审计。
(3) 企业的财务收支审计。
(4) 国家建设项目的财务收支审计。
(5) 基金、资金的财务收支审计。
(6) 国外援款、贷款项目的财务收支审计。

知识拓展

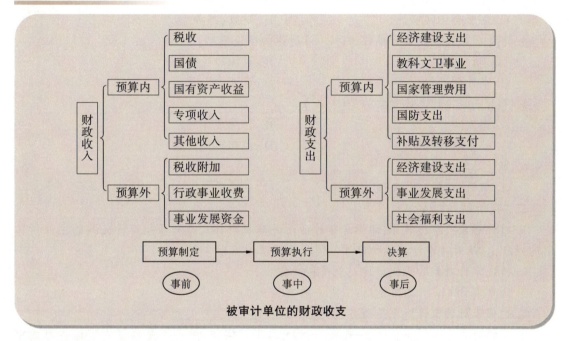

被审计单位的财政收支

三、审计的具体对象

(1) 国家审计对象,是被审计单位的财政、财务收支及其有关经济活动。需要接受国家审计的部门和单位包括：中央和地方人民政府及其各部门；中央银行和国有的金融机构；国家的事业组织和使用财政资金的其他事业组织；国有企业和国有资产占控股地位或者主导地位的企业；其他应当接受审计的部门和单位，以及上述部门和单位的有关人员。

(2) 社会审计对象,是委托人指定的被审计单位的财务收支及其有关经济活动。

(3) 内部审计对象,是本部门、本单位及所属单位的财政、财务收支及其有关经济活动。

尽管国家审计、内部审计和社会审计各有其特定的审计对象,但它们共同关注的是被审计单位的会计资料和经济资料,以及财政收支、财务收支及相关的经济活动,这是三种审计形式的共同点。概括起来,审计的一般对象是被审计单位的会计资料及有关资料所反映的财政、财务收支及其有关经济资料。

任务实施

一、单项选择题

1. 无论是传统审计还是现代审计都是一种有目的的(　　)活动。
   A. 经济监督　　　B. 经济评价　　　C. 经济鉴证　　　D. 经济管理
2. 传统审计的对象主要是被审计单位的(　　)。
   A. 经济活动　　　　　　　　　B. 财政、财务收支
   C. 盈利情况　　　　　　　　　D. 人员职能
3. 被审计单位的一般对象有(　　)。
   A. 资产负债表　　　　　　　　B. 单位内审
   C. 注册会计师审计　　　　　　D. 财政、财务
4. 审计对象是对被审计单位和(　　)所作的理论概括。
   A. 审计的范围　　　　　　　　B. 审计的规范
   C. 审计的工作　　　　　　　　D. 审计的人员
5. 下列不是审计具体对象的是(　　)。
   A. 国家审计对象　　　　　　　B. 公众审计对象
   C. 社会审计对象　　　　　　　D. 内部审计对象
6. 审计对象的外延是(　　)。
   A. 审计主体　　　B. 审计理论　　　C. 审计范围　　　D. 审计单位

二、判断题

1. 审计对象或审计客体,即参与审计活动并享有审计权力和承担审计义务的主体所作用的对象,它是对被审计单位和审计范围所作的理论概括。　　　　　　　　　　(　　)
2. 传统审计对象和现代审计对象是相同的。　　　　　　　　　　　　　　(　　)
3. 国家审计的审计对象是财政、财务收支。　　　　　　　　　　　　　　(　　)
4. 内部审计的审计对象是财务收支。　　　　　　　　　　　　　　　　　(　　)
5. 审计对象包含两层含义,一个是外延上的审计实体,另一个是内涵的审计内容或审计内容在范围上的限定。　　　　　　　　　　　　　　　　　　　　　　(　　)

任务二　审计的目标

任务描述

通过本任务的学习,能了解审计目标的演变、知晓审计目标的概念、掌握审计的总目标与具体目标。

项目二 审计的对象与目标

案例导入

甲公司用并不存在的化肥槽作抵押来获得其永远也无法偿还的贷款。其做法很简单,注册会计师周一在丰县稽核过的化肥槽被连夜运到徐州市,这样当注册会计师周二赶到徐州市的时候,化肥槽又被重复计算了一遍。诸如此类的小伎俩让公司的资产虚增,直接侵害了债权人的利益。

同样,另外一家公司用同样的伎俩来欺骗注册会计师。他利用管道把色拉油在不同地区的容器间移动,这样注册会计师便把一件资产多次计算。被审计单位的资产被虚增而注册会计师却没有查出来,注册会计师又被愚弄了。

那么,面对客户的欺诈,注册会计师该怎么应对?怎么设计自己的审计目标?

任务准备

一、审计目标概述

(一) 审计目标的概念

审计目标是审计目的的具体化。目的具有全面性与长期性,目标具有局部性和阶段性。审计目标的确定,取决于两个因素,一是社会的需求,二是审计界自身的能力和水平。审计目标规定了审计的基本任务,决定了审计的基本过程和应采取的基本方法。

审计目标可分为总体审计目标和具体审计目标。审计的具体目标是审计总体目标的具体化,根据具体化程度的不同,又可分为一般审计目标和项目审计目标两个层次。一般审计目标是实施项目审计时均应达到的目标,是项目审计目标的共性概括;而项目审计目标则是按每个项目具体内容而确定的目标,即表现了项目审计的个性特征,也具有一般审计的共性特征。在一般情况下,一个一般审计目标至少有一个项目审计目标与之相对应。无论是一般审计目标,还是项目审计目标,它们都必须根据审计总体目标的要求和被审计单位的需要来确定。

知识拓展

一般审计目标包括以下几个方面:
(1) 总体的合理性。
(2) 金额的真实性。
(3) 金额的完整性。
(4) 资产的所有权。
(5) 计量的正确性。
(6) 内部控制的有效性。

> (7) 恰当反映与充分揭示。
>
> 项目审计目标是具体账户或具体业务的审计目标,其内容视项目大小而定,而且有一定的层次性。
>
> 例如,把货币资金作为被审计项目,那么不仅要确定货币资金项目审计目标,还要分别确定库存现金项目审计目标、银行存款项目审计目标和其他货币资金项目审计目标。以库存现金项目审计为例,审计目标主要有以下几个方面:
>
> (1) 有关现金的内部控制制度是否存在和有效。
> (2) 现金收支业务是否完整地入账,有无遗漏。
> (4) 现金的会计记录是否正确无误。
> (5) 有关现金的计算,如外币汇兑损益的计算等是否正确,有无虚增或虚减现金的可能。
> (6) 现金收支业务的发生是否符合有关法律法规的规定。
> (7) 会计报表对现金余额的反映是否恰当。

(二) 审计目标的演变(图 2.2-1)

在 20 世纪以前的详细审计阶段,查错防弊是审计的唯一目标。

在 20 世纪初实行的资产负债表审计阶段,查错防弊的审计目标已经退居第二位。

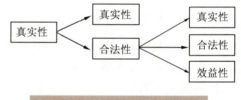

图 2.2-1 审计目标的演变

当审计由资产负债表审计阶段发展到财务报表审计阶段时,注册会计师的审计目标是确定被审单位的财务报表是否公允地反映了企业的财务状况和经营效果,证明被审单位所采用的会计政策和会计处理方法是否符合公认的会计准则。

二、国家审计的审计目标

按照目标的层次不同,国家审计的审计目标可分为以下三种。
(1) 根本目标又叫最高层次目标,是维护人民群众的根本利益;
(2) 现实目标,是推进法治、维护民生、推动改革、促进发展;
(3) 直接目标,是监督和评价被审计单位财政财务收支的真实性、合法性和效益性。

三、内部审计的审计目标

(一) 总体审计目标

我国部门、单位内部审计的总体目标是监督和评价本单位及所属单位财政收支、财务收支及其有关经济活动的真实性、合法性和效益性,以促进组织完善治理、增加价值和实现目标。

（二）具体审计目标

内部审计业务类型不同，具体审计目标也不同。

合规审计的具体目标是，确定组织各部门是否遵循了现行法律法规，以及专业和行业标准或合同责任的要求，是否遵循了组织制定的章程、特定的程序或规则。

财务审计的具体目标是，通过实施审计程序以确定财务部门出具的财务报表中确认的各类交易、账户余额、披露层次认定是否恰当。

绩效审计目标是评价组织经营活动的经济性、效果性和效率性，评价组织内部控制的健全性和有效性，评价组织负责人的经济责任履行状况，有助于组织增加价值。

四、社会审计的审计目标

（一）总体审计目标

总体审计目标包括：

（1）对财务报表整体是否不存在由于舞弊或错误导致的重大错报获取合理保证，使得注册会计师能够对财务报表是否在所有重大方面按照适用的财务报告编制基础编制发表审计意见。

（2）按照审计准则的规定，根据审计结果对财务报表出具审计报告，并与管理层和治理层沟通。

（二）具体审计目标

1. 与所审计期间各类交易、事项及相关披露相关的审计目标

（1）发生：由发生认定推导的审计目标是确认已记录的交易是真实的。例如，如果没有发生销售交易，但在销售日记账中记录了一笔销售，则违反了发生目标。

发生认定所要解决的问题是管理层是否把那些不曾发生的项目列入财务报表，它主要与财务报表组成要素的高估有关。

（2）完整性：由完整性认定推导的审计目标是确认已发生的交易确实已经记录，所有应包括在财务报表中的相关披露均已包括。例如，如果发生了销售交易，但没有在销售明细账和总账中记录，则违反了完整性目标。

发生和完整性两者强调的是不同的关注点。发生目标针对多记、虚构交易（高估），而完整性目标则针对漏记交易（低估）。

（3）准确性：由准确性认定推导的审计目标是确认已记录的交易是按正确金额反映的，相关披露已得到恰当计量和描述。例如，如果在销售交易中，发出商品的数量与账单上的数量不符，或开账单时使用了错误的销售价格，或账单中的乘积或加总有误，或在销售明细账中记录了错误的金额，则违反了准确性目标。

准确性与发生、完整性之间存在区别。例如，若已记录的销售交易是不应当记录的（如发出的商品是寄销商品），则即使发票金额是准确计算的，仍违反了发生目标。再如，若已入账的销售交易是对正确发出商品的记录，但金额计算错误，则违反了准确性目标，而没有违反发生目标。在完整性与准确性之间也存在同样的关系。

（4）截止：由截止认定推导的审计目标是确认接近资产负债表日的交易记录于恰当的

期间。例如,如果本期交易推到下期,或下期交易提到本期,均违反了截止目标。

(5) 分类:由分类认定推导的审计目标是确认被审计单位记录的交易经过适当分类。例如,如果将出售经营性固定资产所得的收入记录为营业收入,则导致交易分类的错误,违反了分类目标。

(6) 列报:由列报认定推导的审计目标是确认被审计单位的交易和事项已被恰当地汇总或分解且表述清楚,相关披露在适用的财务报告编制基础上是相关的、可理解的。

2. 与期末账户余额及相关披露相关的审计目标

(1) 存在:由存在认定推导的审计目标是确认记录的金额确实存在。例如,如果不存在某客户的应收账款,在应收账款明细表中却列入了对该客户的应收账款,则违反了存在目标。

(2) 权利和义务:由权利和义务认定推导的审计目标是确认资产归属被审计单位,负债属于被审计单位的义务。例如,如果将他人寄售商品列入被审计单位的存货中,则违反了权利目标;如果将不属于被审计单位的债务计入账内,则违反了义务目标。

(3) 完整性:由完整性认定推导的审计目标是确认已存在的金额均已记录,所有应包括在财务报表中的相关披露均已包括。例如,如果存在某顾客的应收账款,而应收账款明细表中却没有列入,则违反了完整性目标。

(4) 准确性、计价和分摊:资产、负债和所有者权益以恰当的金额包括在财务报表中,与之相关的计价或分摊调整已恰当记录,相关披露已得到恰当计量和描述。

(5) 分类:资产、负债和所有者权益已记录于恰当的账户。

(6) 列报:资产、负债和所有者权益已被恰当地汇总或分解且表述清楚,相关披露在适用的财务报告编制基础上是相关的、可理解的。

任务实施

一、单项选择题

1. 下列有关审计目标的提法中,不正确的有( )。
   A. 审计目标是审计行为的出发点
   B. 审计目标在不同历史时期是相同的
   C. 审计目标包括总体审计目标与具体审计目标两个层次
   D. 审计目标对审计全过程都有影响

2. 财务报表审计的目标是注册会计师通过执行审计工作对( )发表的审计意见。
   A. 会计资料及其他有关资料的真实性.合法性
   B. 经济活动
   C. 财务报表的合法性、公允性
   D. 财务状况、经营成果及现金流量

3. 审计具有( ),为了适应社会的要求,其目标也在不断变化。
   A. 真实性   B. 合法性   C. 效益性   D. 实用性

4. 下列不属于审计目标的是( )。
   A. 真实性   B. 合法性   C. 有效性   D. 具体性

5. 以下关于审计目标的论述中正确的是(　　)。
　　A. 资产负债表审计阶段的总体目标是查错防弊
　　B. 详细审计阶段的审计目标是提供信用证明
　　C. 财务报表审计阶段的目标是公允性与合法性
　　D. 审计目标的发展变化说明审计目标不具有稳定性

二、多项选择题

1. 我国部门单位内部审计的总体目标是(　　)本单位及所属单位财政收支、财务收支、经济活动的真实、合法和效益的行为。
　　A. 审查　　　　B. 鉴证　　　　C. 监督　　　　D. 评价
2. 审计目标包括(　　)。
　　A. 审计总目标　　　　　　　　B. 审计一般目标
　　C. 审计项目目标　　　　　　　D. 审计具体目标
3. 被审计单位记录了虚假的销售收入100万元,审计人员认为其影响的财务报表认定不相关的是(　　)。
　　A. 完整性　　　　　　　　　　B. 存在或发生
　　C. 计价与分摊　　　　　　　　D. 截止期正确性
4. 在执行财务报表审计工作时,注册会计师的总体目标包括(　　)。
　　A. 出具审计报告　　　　　　　B. 与管理层和治理层沟通
　　C. 发表审计意见　　　　　　　D. 发现违法问题
5. 以下属于内部审计总体目标的有(　　)。
　　A. 真实性　　　B. 公允性　　　C. 合法性　　　D. 效益性

三、判断题

1. 审计目标反映了社会要求,因为审计具有实践性和实用性。　　　　　　(　　)
2. 在一般情况下,一个一般审计目标只需要有一个项目审计目标与之相对应。(　　)
3. 审计的目标体系分为审计总目标和具体审计目标。　　　　　　　　　　(　　)

项目三

审计依据、审计证据与审计工作底稿

 项目描述

什么是审计依据？审计依据有何特征？审计依据有哪些方面的内容？什么是审计证据？审计证据有何特征、有哪些种类？如何进行审计证据的搜集、鉴定和整理？什么是审计工作底稿？审计工作底稿有何作用？应该怎样对审计工作底稿进行分类？审计工作底稿基本格式和内容怎样？如何编制审计工作底稿和审核审计工作底稿？这些是本章所要阐明的主要问题。

 学习目标

1. 了解审计依据的概念
2. 掌握审计依据的分类、特征及运用依据的原则
3. 了解审计证据的概念和作用
4. 掌握审计证据的特征和种类
5. 了解审计工作底稿的概念
6. 熟悉审计工作底稿的分类
7. 掌握审计工作底稿的基本内容与结构

项目三 审计依据、审计证据与审计工作底稿

项目结构(图 3-1)

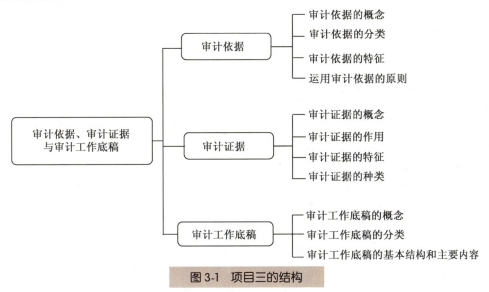

图 3-1 项目三的结构

任务一 审计依据

任务描述

通过本任务的学习,能了解什么是审计依据、审计依据有何特征、审计依据有哪些方面的内容。

案例导入

2020 年 6—7 月,甲市审计局按照省审计厅规定的审计范围,对甲市公路管理局及其管辖的四个收费站 2018—2019 年新增调价政策性收入上缴情况进行了审计,其中有两个收费站为出让经营权的收费站,归属中外合作经营企业 A 公司,A 公司外资占 66%。审计查出,上述两个出让经营权的收费站没有按照《省人民政府关于加强公路通行费汽车养路费征收管理工作的通知》《省收费经营公路车辆通行费调价收入资金管理暂行办法》规定,将新增调价政策性收入的 45% 上缴省级财政。甲市审计局做出审计决定,责令其按规定渠道全额上缴。

A 公司对上述审计决定提出了异议,认为:

1. 审计处理的依据不符合规定,两份文件没有法律效力,属于滥收费,应该予以撤销。

2. 两个收费站不属于审计监督对象,其没有独立法人资格,归属中外合作经营企业,审计厅是滥用职权。

思考：
你认为 A 公司的陈述理由是否充分？为什么？

任务准备

一、审计依据的概念

审计依据是审计人员在审计过程中用来衡量被审计事项是非优劣的准绳，是审计人员提出审计意见和做出审计决定的依据。审计人员在执行审计时，要运用各种审计方法，搜集证明各种事实真相的审计证据；审计工作结束前，审计人员应对被审计单位的经济活动进行评价，对其真实性、合法性、效益性做出判断，最终发表审计意见，做出审计决定。这就必须有评价与判断的标准和说明审计意见、审计决定正确的依据，否则难以令人信服和取信于公众。

审计依据和审计准则是两个完全不同的概念。审计依据是衡量审计客体的尺度，它所回答的问题是根据什么、有什么理由做出这样的判断、提出这样的意见和做出这样的决定。审计准则是审计工作本身的规范，是审计人员的行为指南，它所回答的问题是如何进行审计；审计准则也可以用来衡量审计主体工作优劣、工作质量。

知识拓展

审计准则、审计证据、审计依据三者关系
(1) 怎样进行审计，要按审计准则规定办。
(2) 审计中确定了什么样的事实，要有审计证据证实。
(3) 为什么要提出这样的意见和做出这样的决定，要有审计依据。

二、审计依据的分类

审计依据可按不同的标准进行分类，不同种类的审计依据有着不同的用途。对审计依据进行适当的分类，有利于审计人员根据需要选用恰当的审计依据。

（一）按审计依据来源渠道分类

1. 外部制定的审计依据

这包括国家制定的法律、法规、政策、制度，地方政府、上级主管部门颁发的规章制度和下达的通知、指示文件等，涉外被审计事项所引国际惯例的条约，等等。

2. 内部制定的审计依据

这包括被审计单位制定的经营方针、任务目标、计划预算、各种定额、经济合同、各项指标、各项规章制度等。

（二）按审计依据性质内容分类

1. 法律、法规

法律是国家立法机关依照立法程序制定和颁布，由国家强制力保证执行的行为规范的总称，如宪法、刑法、民法、会计法、审计法、预算法、税收征管法、海关法、各种税法、企业法、公司法、经济合同法等。法规是由国家行政机关制定的各种法令、条例、规定等，如价格管理条例、企业会计准则、企业财务通则等。

2. 规章制度

这方面主要有国务院各部委根据法律和国务院的行政法规制定的规章制度，省、自治区、直辖市根据法律和国务院的行政法规制定的规章制度，被审计单位上级主管部门和被审计单位内部制定的各种规章制度，等等。如国家主管部门制定的各项财务会计制度、单位内部制定的各项内部控制制度等。

3. 预算、计划、合同

这方面如国家机关、事业单位编制的经费预算，企业单位制订的各种经济计划，被审计单位与其他单位签订的各种经济合同，等等。

4. 业务规范、技术经济标准

这方面如人员配备定额、工作质量标准、原材料消耗定额、工时定额、能源消耗定额、设备利用定额等。此外，还有国家制定的等级企业标准、优秀企业的管理条例等。

三、审计依据的特征

无论什么样的审计依据，只能是在一定范围、一定区域和一定期限内有效，同时各类审计依据所具有的权威性也是有很大差别的。

（一）权威性

任何审计依据都具有一定的权威性或公认性，否则不足以引用为依据。但是，不同层次的审计依据，其权威性的大小不一样。如国家的法律、法规是衡量经济活动是否合法、合规的依据，它具有很高的权威性，全国都公认它，依据它提出审计意见和做出审计决定一般是正确无误的。

（二）层次性

审计依据因管辖范围和权威性大小不同而有不同的层次。一般来说，制定审计依据的单位级别越高，其管辖的范围越广，其权威性越大。审计依据的层次越高，其管辖的幅度越宽，其适用的范围越广，其权威性越大。这是因为高层次的审计依据主要是国家制定的法律、法规，适用于全国，而且低层次的法规及规章制度不能违反最高层次的法律、法规，只能在此基础上进行研究和加以具体化。

（三）地域性

我国各地区、各部门的实际情况和发展水平并不相同，因此，其适用的审计依据也各不相同。审计人员在进行审计判断时，必须注意到地区差别、行业差别和单位差别。

（四）时效性

从时间上看，各种审计依据都有一定的时效性，不是在任何时期、任何条件下都适用。这就要求审计人员在审计工作中密切注意各种审计依据的变化，选用在被审计事项发生时有效的判断依据，而不能以审计时现行的法律、法规、规章制度作为判断依据，也不能以过时的法律、法规、规章制度作为判断依据，更不能以旧的审计依据来否定现行的经济活动，或用新的审计依据来否定过去的经济活动。

（五）相关性

审计依据的相关性，主要是指所引用的审计依据应与被审计项目和应证实的目标相关。

四、运用审计依据的原则

不同的被审计事项需要不同的衡量、评价依据，审计人员应根据不同的审计目标、不同的实际需要，选用适当的审计依据进行审计判断，提出审计意见，做出审计决定。这就需要审计人员在选用审计依据时遵循一定的原则。

（一）从实际出发

审计人员应从实际出发，具体问题具体分析，根据需要选定适用的依据；要根据依据的权威性、层次性、地域性、时效性、相关性的特征及其要求，尽可能选用权威性大的、令人信服的依据；尽可能选用高层次的依据，选用的低层次依据一定不能与有关的高层次依据相抵触；应选用本地区、本行业、本单位适用的依据；应选用被审计事项发生时有效的依据；应选用与被审计事项有关，有利于做出审计判断、提出审计意见和做出审计决定的依据。

（二）把握实质

被审计单位的经济活动是错综复杂的，经济情况是瞬息万变的，因为影响经济活动的因素是多方面的、不断变化的。只有抓住主要矛盾和矛盾的主要方面，才能把握问题的实质，才能选用适当的审计依据，并据以做出正确的判断、提出合理的意见和做出令人信服的决定。

（三）准确可靠

审计人员所运用的依据必须准确可靠，绝不能把道听途说的主观臆测作为判断是非的依据。总之，准确而合理地运用审计依据，有利于客观公正地做出审计判断，有利于提出合理的审计意见和做出正确的审计决定，有利于提高审计工作的质量。

任务实施

一、单项选择题

1. 衡量审计客体的尺度为（　　）。
   A. 审计证据　　　B. 审计依据　　　C. 审计准则　　　D. 审计规范

2. 财务审计的主要目标是对( )经济活动的真实性和合法性做出审计和评价。
   A. 被审计单位   B. 审计单位   C. 审计组织   D. 审计人员

3. 审计依据是判断被审计单位经济活动合法性、( )和真实性的准绳。
   A. 有效性   B. 权威性   C. 规范性   D. 独立性

4. 审计依据的层次越高,其管辖的幅度越( )。
   A. 宽   B. 窄   C. 低   D. 高

5. 下列不属于运用审计依据的原则的是( )。
   A. 从实际出发   B. 把握实质   C. 准确可靠   D. 把握依据

6. 审计依据是审计人员用来衡量( )是非优劣的准绳,是审计人员提出审计意见和做出审计决定的依据。
   A. 被审计人员   B. 被审计事项   C. 审计单位   D. 审计人员

7. 审计准则是用来约束( )的。
   A. 审计单位   B. 审计人员   C. 审计事项   D. 审计局

8. 审计依据是用来约束( )的。
   A. 审计单位   B. 审计事项   C. 审计人员   D. 审计局

9. 发表何种审计意见要有( )作为支撑。
   A. 审计准则   B. 审计依据   C. 审计证据   D. 审计事项

10. 下列不属于按审计依据性质内容分类的是( )。
    A. 法律、法规   B. 规章制度
    C. 内部制定的审计依据   D. 预算、计划、合同

11. 下列不属于审计依据的是( )。
    A. 公司法   B. 独立审计准则
    C. 单位内部控制制度   D. 年度预算

12. 审计依据在审计工作中的作用是( )。
    A. 应该怎样进行审计   B. 根据什么提出这样的意见
    C. 运用怎样的审计方法   D. 审计查明了什么事实

13. 下列关于审计依据的说法,错误的是( )。
    A. 审计依据是审计人员在审计过程中用来衡量被审计事项是非优劣的准绳
    B. 审计依据是提出审计意见、做出审计决定的依据
    C. 审计依据可按不同的标准进行分类,不同种类的审计依据有着不同的用途
    D. 按审计依据的性质内容分类,可将审计依据分为外部制定的审计依据和内部制定的审计依据

14. 下列不属于审计依据特征的是( )。
    A. 权威性   B. 层次性   C. 地域性   D. 多样性

15. 下列关于审计依据的描述,错误的是( )。
    A. 审计依据是用来衡量被审计事项是非优劣的准绳
    B. 审计依据是提出审计意见和做出审计决定的依据
    C. 审计依据是做出审计决定的依据
    D. 审计依据是用来说明经济事项及反映资料实际存在状况的

16. 下列关于审计依据概念的说法,正确的是(　　)。
    A. 审计依据是据以作出审计结论、提出处理意见和建议的客观尺度
    B. 审计依据是审计工作本身的规范
    C. 审计依据是审计人员的行为指南
    D. 审计依据所回答的问题是如何进行审计

二、多项选择题

1. 按审计依据性质内容分类,审计依据可分为(　　)。
   A. 法律、法规　　　　　　　　　　B. 规章制度
   C. 内部制定的审计依据　　　　　　D. 预算、计划、合同
2. 按审计依据来源渠道分类,审计依据可分为(　　)。
   A. 外部制定的审计依据　　　　　　B. 内部制定的审计依据
   C. 预算、计划、合同　　　　　　　D. 业务规范、技术经济标准
3. 下列各项,可作为审计依据的是(　　)。
   A. 价格管理条例　　　　　　　　　B. 会计报表
   C. 会计准则和财务通则　　　　　　D. 企业预算和计划
4. 财务审计依据一般能相对稳定在一定时期内,但经济效益评价依据随着国家的(　　)变化而不断变更。
   A. 经济政策　　B. 科学技术　　C. 管理要求　　D. 发展速度
5. 按审计依据衡量对象分类,审计依据可分为(　　)。
   A. 财务审计依据　　　　　　　　　B. 经济效益审计依据
   C. 法律审计依据　　　　　　　　　D. 制度审计依据
6. 审计依据的特征是(　　)。
   A. 层次性　　B. 相关性　　　　C. 地域性　　　　D. 时效性
7. 运用审计依据的原则是(　　)。
   A. 从实际出发　　　　　　　　　　B. 把握实质
   C. 准确可靠　　　　　　　　　　　D. 值得信赖

三、判断题

1. 准确而合理地运用审计依据,有利于客观公正地做出审计判断,有利于提出合理的审计意见和做出正确的审计决定,有利于提高审计工作的质量。(　　)
2. 审计依据作为衡量被审计事项是非优劣的准绳有"理"。(　　)
3. 审计依据的特征是层次性、相关性、地域性、时效性。(　　)
4. 审计依据的层次越高,其权威性越大。(　　)
5. 对审计依据进行适当的分类,不利于审计人员根据需要选用恰当的审计依据。(　　)

四、简答题

1. 什么是审计依据?
2. 审计依据、审计证据、审计准则三者的关系如何?

项目三　审计依据、审计证据与审计工作底稿

任务二　审计证据

任务描述

通过本任务的学习,能了解什么是审计证据、审计证据的作用是什么、审计证据有何特征、审计证据有哪些种类。

2024年,甲市审计局派出一个审计小组对所属大型国有企业Y公司进行财务收支审计。经过几天的深入检查,审计小组查阅了大量的会计资料及其他相关资料,发现Y公司的经营管理比较混乱,同时还发现经常停放在公司办公楼前的一辆豪华轿车没有在账上反映。针对这一疑问,审计小组在公司上下进行了较为广泛的座谈,关于轿车的来历,广大干部职工有两种说法。

一种说法是轿车是2022年10月买的,但公司近几年连续亏损,其大额开支必须由主管部门批准,按道理不应该有资金用于购车;另一种说法是抵债收回来的,审计小组不仅看到了一份由A单位出具的"抵债协议书",而且公司领导和财会人员一致解释:车刚收回来,没有来得及入账。后一种说法似乎更有说服力。

为了破解轿车之谜,审计小组决定兵分两路,一路直奔A单位查询有关的抵债情况。在A公司调查时,其负责人表示该轿车确实是用于抵偿所欠Y公司70万元货款的。

另一路到市车管所查询该轿车的证照手续办理情况。到市车管所的审计人员,查出购车发票复印件,在购车发票中写明车辆系Z市汽车公司出售的。

审计小组再赴A单位,费尽周折,通过说服教育,A单位承认与Y公司签订假抵债协议的事实。据此,审计小组立即前往Z市汽车公司查询,了解该购车款是通过甲市某银行储蓄所名为"0021579"账户以转账支票方式支付的,金额为70万元。经查询该银行账户,审计人员发现,账户是Y公司的,显然,车是买的,不是抵债收回来的。

谜底揭开后,Y公司领导和财会人员不得不说出购车款的来源。

2022年,Y公司出租包装物的租金有100多万元设立了"小金库",被举报后,市纪检和司法部门对其进行了立案查处,在处理100多万元"小金库"时,Y公司称其中有70万元是职工集资款,并出具收取职工集资款的有关手续凭证,专案组剔除了其中的70万元,做撤案处理。实际上,Y公司原收取的职工集资款列入"其他应付款"账户,并未纳入原"小金库"收入。

在用原"小金库"资金退还职工集资款70万元后,其账内仍以职工集资款名义虚列着70万元的债务,直至2023年,Y公司以为"调包"成功,就将70万元转入某银行储蓄所,开设了"0021579"账户,违反规定购买了豪华轿车。

思考：
1. 结合案情分析审计人员在取证过程中都获得了哪些类型的审计证据。
2. 这些审计证据围绕的审计目标是什么？
3. 结合案情说明审计人员对审计证据的整理技巧。
4. 如果审计人员没有发现审计线索和证据，你认为会带来什么问题？

 任务准备

 一、审计证据的概念

审计证明材料，即通常所说的审计证据，是证明应证事项是否客观存在的材料，是证明被审计单位财政收支、财务收支及其有关经济活动真相的凭证。它是审计人员对被审计事项进行评价和判断的客观基础，也是审计机关提出审计意见、做出审计决定的客观事实基础。对于国家审计来说，审计证据是指审计机关和审计人员获取的用以证明被审计事项真相、形成审计结论的证明材料。

这个定义说明了两个要点：其一，审计证据是在执行审计业务过程中获取的，非审计过程中所获取的信息虽然也可能成为某种证据，但不能成为审计证据；其二获取审计证据的目的是形成审计意见，只要与形成审计意见有关，虽不能构成其他类型的证据（如法律证据），但同样可作为审计证据。

审计证据不仅是审计理论的一个重要组成部分，而且是审计工作的核心问题。任何审计工作，首先都要根据审计项目确立审计目标；其次围绕审计目标实施必要的审计程序和方法，以获取充分、适当的审计证据；最后以审计证据证实审计目标。

 知识拓展

审计证据是指注册会计师为了得出审计结论、形成审计意见而使用的所有信息。审计证据包括构成财务报表基础的会计记录中含有的信息和其他信息。证据是一个适用性较广的概念，注册会计师执行审计工作需要证据，科学家和法官也需要证据。在科学实验中，科学家获取证据，以得出关于某项理论的结论；在法律案件中，法官需要根据严密确凿的证据提出审判结论，注册会计师必须在每项审计工作中获取充分、适当的审计证据，以满足发表审计意见的要求。

1. 会计记录中含有的信息

依据会计记录编制财务报表是被审计单位管理层的责任，注册会计师应当测试会计记录以获取审计证据。会计记录主要包括原始凭证、记账凭证、总分类账和明细分类账、未在记账凭证中反映的对财务报表的其他调整，以及支持成本分配、计算、调节和披露的手工计算表和电子数据表。上述会计记录是编制财务报表的基础，构成注册会计师执行财务报表审计业务所须获取的审计证据的重要部分。这些会计记录通常是电子数据,因而要求注册会计师对内部控制予以充分关注,以保证所获取的会计记录的真实性、准确性和完整性。进一步说,电子形式的会计记录可能只能在特定期间获取,如果不存在备份文件,特定期间之后有可能无法再获取这些会计记录。

会计记录取决于相关交易的性质,它既包括被审计单位内部生成的手工或电子形式的凭证,也包括从与被审计单位进行交易的其他企业收到的凭证。除此之外,会计记录还可能包括:

(1) 销售发运单和发票、顾客对账单及顾客汇款通知单。
(2) 附有验货单的订购单、购货发票和对账单。
(3) 考勤卡和其他工时记录、工薪单、个别支付记录及人事档案。
(4) 支票存根、电子转移支付记录(EFTs)、银行存款单和银行对账单。
(5) 合同记录,如租赁合同和分期付款销售协议。
(6) 记账凭证。
(7) 分类账账户调节表。

将这些会计记录作为审计证据时,其来源和被审计单位内部控制的相关强度(对于内部生成的证据而言)都会影响注册会计师对这些原始凭证的信赖程度。

2. 其他信息

会计记录中含有的信息本身并不足以提供充分的审计证据作为对财务报表发表审计意见的基础,注册会计师还应当获取用作审计证据的其他信息。可用作审计证据的其他信息包括注册会计师从被审计单位内部或外部获取的会计记录以外的信息,如被审计单位的会议记录、内部控制手册、询证函的回函、分析师的报告、与竞争者的比较数据等;通过询问、观察、检查等审计程序获取的信息,如通过检查存货获取存货存在的证据等;自身编制或获取的可以通过合理推断得出结论的信息,如注册会计师编制的各种计算表、分析表等。

财务报表依据的会计记录中含有的信息和其他信息共同构成了审计证据,两者缺一不可。如果没有前者,审计工作将无法进行;如果没有后者,可能无法识别重大错报风险。只有将两者结合在一起,才能将审计风险降至可接受的低水平,为注册会计师发表审计意见提供合理基础。

注册会计师要获取不同来源和不同性质的审计证据,不过,审计证据很少是结论性的,从性质上看大多是说服性的,并能佐证会计记录中所记录信息的合理性。因此,在确定财务报表公允反映时,注册会计师最终评价的正是这种累积的审计证据。注册会计师将不同来源和不同性质的审计证据综合起来考虑,这样能够反映出结果的一致性,从而佐证会计记录中所记录的信息。如果审计证据不一致,而且这种不一致可能是重大的,注册会计师应当扩大审计程序的范围,直到不一致得到解决,并针对账户余额或各类交易获得必要保证。

值得注意的是,用作审计证据的其他信息,与注册会计师执行财务报表审计时应当阅读的被审计单位年度报告中除财务报表和审计报告外的其他信息是两个不同的概念。

一、审计证据的作用

审计证据在审计工作中具有以下几个方面的作用：
(1) 审计证据是制订与修正审计方案的依据之一。
(2) 审计证据是做出审计决定的基础。
(3) 审计证据是发表审计意见的根据。
(4) 审计证据是确定或解除被审计人员应负经济责任的根据。
(5) 审计证据是控制审计工作质量的重要手段。

二、审计证据的特征

审计证据的特征主要表现为充分性和适当性。

充分性是指审计证据的数量足以使审计人员形成审计意见；适当性是指审计证据的相关性和可靠性，即审计证据应当与审计目标相关联，并能如实地反映客观事实。充分性是数量特征的要求，适当性是质量特征的要求。审计证据越可靠，其所需的证据数量就会越少；反之，其所需的证据数量就会越多。

审计证据的质量是指审计证据的优劣程度，具体是指审计证据力的大小和证明力的高低。所谓证据力，是指单个证据本身的可靠性价值，即证据形式上的价值。证据力按其存在形态可分为潜在证据力和现实证据力。潜在证据力是指未经鉴定的审计证据具备可能证明被审计事项的能力；现实证据力是指经过审计鉴定的审计证据，能对被审计事项的某一方面予以证明的能力。所谓证明力，就是把众多证据加以综合，恰当归纳，再加上审计人员的意见，所形成的综合性价值，即证据实质上的价值。审计证据的具体特征包括以下几个方面。

（一）客观性

审计证据的客观性是指审计证据是客观事实的反映，而不是主观臆断的产物；审计人员在取证和运用证据时，应坚持实事求是、客观公正的态度，防止估计与虚构。客观性要求审计证据所载明的时间、地点、事实、当事人等必须和事实相符；审计证据所描述的被审计事项的变化过程、因果关系、制约因素、影响程度必须真实而不能虚构；审计证据中涉及的各种数字都必须通过验算和核对，一定要和事实相符。客观性是审计证据能够发挥其证明作用的必要条件，不客观的证据没有任何证据力。

（二）可靠性

审计证据的内容不仅要和客观事实相符，而且要正确可靠，不同证据的可靠程度是不一样的，如：
(1) 书面证据比口头证据可靠。
(2) 外部证据比内部证据可靠。
(3) 审计人员通过直接进行实物检查、观察、计算和盘点获取的证据比间接获取的证据可靠。
(4) 内部控制较好时的内部证据比内部控制较差时的内部证据可靠。
(5) 检查原始文件提供的证据比检查副本提供的证据可靠。

（6）在言论自由的情况下取得的证据比在妥协求全的情况下取得的证据可靠。

（7）从没有偏见、知识全面的人那里获取的证据，比从有偏见、知识不全面的人那里获取的证据可靠。

（8）第三方证据比被审计单位提供的证据可靠。

（9）不同来源或不同性质的审计证据能相互印证时，审计证据更为可靠。

（三）合法性

审计证据的合法性是指审计证据必须具有法律上的效力，即审计人员必须依照审计法规规定的手续和程序搜集审计证据，要得到被审计单位或提供证据人员的正式认同，如签字、盖章等，否则审计证据就不具有法律效力。

（四）时间性

审计证据的时间性是指审计证据的效力受一定时间的限制。审计证据所覆盖的时间范围与被审计事项形成的时间应是一致的。审计证据所反映的时间应与被审计事项发生的时间相一致，某些审计证据只能用来证明某个特定时间内的事项，如果超过了这个时间，即会失去证明力。

（五）重要性

证据力的大小，还取决于证据的重要性。所谓证据内容重要，包括两个方面的含义：一是证据反映经济业务金额的重要性，在同质证据的条件下，金额大的比金额小的更重要；二是证据反映经济问题性质的重要性，问题的性质不同，其重要程度也就不同，一般来说，反映会计弊端的证据比反映会计差错的证据更重要。

（六）相关性

有证据力的审计证据必须具有相关性，审计证据的相关性越强，其质量越好。审计证据相关性一是指证据与该项审计的目的相关；二是指证据与某被审计事项的具体目标相关；三是指证实同一目标的全部证据之间能够相互印证，具有内在联系，能产生一种联系证明力。审计人员在确定审计证据相关性时，应考虑以下三个方面的问题：

（1）特定的审计程序可能只为某些认定提供相关的审计证据。

（2）针对同一项认定可以获取不同来源或不同性质的审计证据。

（3）与某项认定相关的审计证据并不能替代与其他认定相关的审计证据。

（七）充分性

审计证据的充分性又称审计证据的足够性，是指审计证据的数量足以证明被审计事项真相和说明审计人员的审计意见及审计决定是正确无误的。证据数量的多少，在很大程度上取决于两个方面的因素：一是证据是否能反映本质，证据愈能反映本质，需要的正面证据数量就愈少；二是对立证据（反证证据）数量愈少，需要的正面证据数量就愈少。审计证据的数量并非越多越好，为了有效率、有效益地审计，审计证据只要能证明事项真相和说明审计意见正确就足够了。审计人员在判断审计证据是否充分、适当时，应考虑以下因素。

1. 审计风险

这里所说的审计风险，主要是指审计人员对被审计资料的某些重要反映失实未予发现的风险。一般情况下，审计风险越高，需要的审计证据就越多；审计风险越低，需要的审计证据就越少。

2. 具体审计项目的重要程度

越是重要的审计项目，审计人员就越要搜集充分的审计证据，以免造成判断上的错误，导致整体判断失误。如果审计项目不重要，即使审计中有些偏差，也不会影响整体判断的正确性。

3. 审计人员的经验

经验丰富的审计人员，即便从较少的审计证据上也能做出正确的判断；反之，缺少经验的审计人员，就需要搜集更多的证据，以便做出正确的判断。

4. 是否发现错误或弊端

审计人员在审计过程中如果发现了错误或弊端，就应该扩大取证的范围，搜集更多的证据，以便做出恰当的审计决定或提出正确的审计意见。

5. 审计证据的类型与取证途径

如果大多数审计证据都是从独立于被审计单位的第三者那里取得的，而且证据本身不容易伪造，那么取证数量就可以减少；反之，取证数量就应该增加。

四、审计证据的种类

审计证据可以按照不同的标准进行分类，而不同种类的审计证据具有不同的证据力，在证实审计目标方面则有不同的作用。研究审计证据的种类，不仅有助于高效率地搜集审计证据，而且有利于正确评价和综合运用审计证据，最终达到提高审计质量的目的。

（一）按证据表现形式分类

审计证据按其表现形式，也就是按作为证据的客观事实是通过什么形式反映出来的，可分为实物证据、书面证据、视听或电子数据证据、言辞证据和环境证据。

1. 实物证据

实物证据是以物品外部形态的某种客观事实为表现形式的证据。审计人员通过盘存各种财物的实在性而取得的审计证据，如实际观察和实地盘点资产、存货，是这些财物实际存在的最好证据。这类实物证据的特点有以下两个方面：

（1）可以通过实物盘存方法取证。

（2）作为物证能够通过价值加以反映。

实物证据最可靠，具有很强的证据力。实物证据可以有效地证实资产或实物的状态、数量、特征、质量等，但不能证明资产或实物的所有权、计价、分类等。

2. 书面证据

书面证据亦称文件证据，是指以文件记录形态作为证明事项真实情况的表现形式的证据。书面证据的种类很多，主要有以下几种：

（1）有关被审计事项的各种经济业务的行政会议记录、报告、批准文件、指示、决议、合同等。

(2) 有关被审计事项的各种经济、财务收支来往的书信、传真等。

(3) 会计记录文件,包括有关被审计事项的各种会计记录及所有支持会计记录所记载的交易和事项的文件。

3. 视听或电子数据证据

用录音、录像或计算机储存等方法记录下来的能证明被审计事项的证据。

4. 言辞证据

凡是能够证明被审计事项真实情况的事实是通过人的陈述表现的,即以言辞作为表现形式的证据,叫作言辞证据或口头证据。审计人员应将各种重要言辞尽快地做成完善的记录,并要注明是何人、何时、在何种情况下所做的口头陈述,必要时还应获得被询问者的签名确认。

5. 环境证据

环境证据也称状态证据,是指对被审计单位产生影响的各种环境事实。如:

(1) 内部控制状况。

(2) 管理人员的素质。

(3) 管理条件和管理水平。

(二) 按证据来源分类

审计证据按其来源可分为内部证据、外部证据和亲历证据。

1. 内部证据

内部证据是指由被审计单位内部各种经营管理活动所形成的保存于单位内部的证据。它是审计人员在被审计单位取得的,填制地点在被审计单位。如内部书证、物证、人证、原件等。

2. 外部证据

外部证据是指审计人员取得的由被审计单位外部第三者提供的各种证据,填制地点在被审计单位外部。外部证据主要包括外部有关单位提供的业务询证资料、书面证明,从外部获得的实物证据,外部有关人员的陈述,等等。

3. 亲历证据

亲历证据是指审计人员目击或亲自参加检查测试所取得的证据。如通过鉴定实物、现场观察、计算分析等所取得的证据。亲历证据可信程度高,具有很强的证据力。

 任务实施

一、单项选择题

1. 下列不属于审计证据按表现形式分类的是( )。
    A. 人物证据   B. 书面证据   C. 视听证据   D. 言辞证据
2. 下列不属于审计证据按来源分类的是( )。
    A. 实物证据   B. 外部证据   C. 亲历证据   D. 内部证据
3. 下列不属于审计证据特征的是( )。
    A. 相关性   B. 合法性   C. 时间性   D. 地域性

4. 审计证据的数量要足以证明被审计事项的真实情况并支持审计意见和审计决定指的是(　　)。
   A. 审计证据的客观性　　　　　　B. 审计证据的相关性
   C. 审计证据的充分性　　　　　　D. 审计证据的合法性

5. 下列审计证据中,证明力由强到弱排列的是(　　)。
   A. 注册会计师自编的分析表,购货发票,销售发票,管理层声明书
   B. 购货发票,销售发票,注册会计师自编的分析表,管理层声明书
   C. 销售发票,购货发票,管理层声明书,注册会计师自编的分析表
   D. 注册会计师自编的分析表,销售发票,管理层声明书,购货发票

6. 审计证据的质量要求是(　　)。
   A. 充分性　　　B. 适当性　　　C. 客观性　　　D. 可靠性

7. 下列关于审计证据证明力强弱的表述,正确的是(　　)。
   A. 内部证据>外部证据　　　　　　B. 外部证据>亲历证据
   C. 亲历证据>外部证据　　　　　　D. 亲历证据>内部证据

8. 下列不属于审计证据具体特征的是(　　)。
   A. 客观性　　　B. 可靠性　　　C. 适当性　　　D. 合法性

二、多项选择题

1. 下列关于审计证据的说法,正确的是(　　)。
   A. 审计风险越高,需要的审计证据就越多
   B. 第三方证据比被审计单位证据可靠
   C. 与提供者的独立程度有关
   D. 不同来源或不同性质的审计证据能相互印证时,审计证据更为可靠

2. 下列关于管理人员的素质、管理条件、管理水平对审计证据的影响的说法,正确的是(　　)。
   A. 管理人员的素质越高,所提供证据的可靠程度越高
   B. 管理条件越好,所提供证据的可靠程度越高
   C. 管理水平越高,所提供证据的可靠程度越高
   D. 会计人员素质高,会计差错少,舞弊可能性小,所提供财务会计信息的可靠程度也会增加

3. 下列各项,不属于外部证据的有(　　)。
   A. 银行对账单　　　　　　B. 应收账款函证回函
   C. 保险单　　　　　　　　D. 管理层声明书

4. 审计证据的一般特征表现为(　　)。
   A. 充分性　　　B. 适当性　　　C. 合法性　　　D. 有效性

5. 审计证据按其表现形式可分为(　　)。
   A. 实物证据　　B. 书面证据　　C. 视听证据　　D. 言辞证据

6. 审计证据应具备的质量特征包括(　　)。
   A. 客观性　　　B. 相关性　　　C. 充分性　　　D. 合法性

7. 审计证据按其来源可分为（   ）。
   A. 内部证据　　　B. 外部证据　　　C. 言辞证据　　　D. 亲历证据

三、判断题

1. 如果大多数审计证据都是从独立于被审计单位的第三者那里取得的，而且证据本身不容易伪造，那么取证数量就可以减少。（   ）
2. 审计证据是控制审计工作质量的重要手段。（   ）
3. 审计证据中，外部证据大于内部证据，书面证据大于口头证据。（   ）
4. 审计证据的一般特征表现为充分性和适当性。（   ）
5. 审计证据的具体特征中没有有效性特征。（   ）
6. 审计证据按其表现形式可分为实物证据、书面证据、言辞证据和内部证据。（   ）
7. 审计证据的具体特征包括客观性、可靠性、合法性、时间性、重要性和相关性。
（   ）

四、简答题

1. 下列哪些属于审计准则？哪些属于审计依据？哪些属于审计证据？
（1）《中国注册会计师审计准则第1211号——了解被审计单位及其环境并评估重大错报风险》。
（2）原材料盘点记录。
（3）《企业内部控制基本规范》。
（4）内部控制调查分析表。
（5）对外投资的批准文件。
（6）被审计单位现金管理规定。
（7）员工询问笔录。
（8）现金存款单据。

2. 下列审计证据属于什么类型证据？请描述其来源及表现形式。
（1）被审计单位律师的声明书。
（2）被审计单位管理层的声明书。
（3）银行存款对账单。
（4）被审计单位的销售发票。
（5）注册会计师监盘库存现金取得的证据。
（6）注册会计师对被审计单位有关人员的口头询问。
（7）被审计单位的收料单。
（8）注册会计师实地观察被审计单位的内部控制运行取得的证据。

任务三 审计工作底稿

任务描述

通过本任务的学习,能了解什么是审计工作底稿,审计工作底稿的分类是什么,审计工作底稿的基本结构与内容是什么。

2023年12月31日,助理人员小王经注册会计师张强的安排,前去甲公司验证存货的账面余额。在盘点前,小王听到几个工人的议论,得知存货中可能存在无法销售的变质产品。由于该产品属于高科技产品,小王无法鉴别存货的质量,遂向甲公司生产总监咨询,生产总监的答复是,该产品绝无问题。

小王在编制审计工作底稿时,将听说产品变质一事填入其中,并建议请专家予以协助。张强复核审计工作底稿时,详细了解了事情经过,还特别对参与议论此事的当事人进行了询问,但这些工人矢口否认。

张强与甲公司仓储主管商讨后,认为"存货价值公允且可出售",但在备注栏填写了"产品质量问题经核实尚无证据,但在下次审计时应加以关注"字样,之后出具了无保留意见的审计报告。

两个月后,甲公司资金周转不灵,主要是大量产品因为质量问题无法出售,银行到期债务无法归还,银行拟向会计师事务所索赔,认为注册会计师存在重大过失,并在法庭上出具了张强的审计工作底稿。银行认为张强明知存货价值被高估,但迫于压力没有揭露问题,应承担银行损失。

思考:

1. 是否应该将工人的议论列入审计工作底稿?
2. 对于银行的指控,审计工作底稿是否有利于张强的抗辩立场?

任务准备

一、审计工作底稿的概念

从一定意义上说,审计的过程就是搜集审计证据并鉴定和整理审计证据的过程。审计人员对所搜集的审计证据及搜集的过程必须进行记录,这就形成了审计工作底稿(图3.3-1)。

审计工作底稿是审计人员在审计过程中所形成的与被审计事项有关的工作记录和获取的证明材料。审计证据的搜集和评价以审计工作底稿的形式被记录。审计工作底稿是审计人员用以支持审计意见而搜集和评价审计证据的最主要记录。

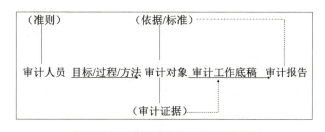

图 3.3-1　简化版的审计过程

二、审计工作底稿的分类

审计工作底稿作为一种专业记录,涉及的内容非常广泛。根据不同的分类标准,审计工作底稿可以分为以下几种。

(一)管理类审计工作底稿与业务类审计工作底稿

管理类审计工作底稿是关于审计的基本情况和为组织、控制、总结整个审计工作所形成的记录,以及被审计单位、其他单位和个人提供的与审计事项管理有关的资料。管理类审计工作底稿的主要内容包括审前调查工作记录;审计方案;审计通知书;被审计单位基本情况表;被审计单位承诺书;有关会议记录;审计工作方案调整变更记录;审计组的审计报告;被审计单位对审计报告反馈的意见及审计组的说明;其他与审计事项管理有关的记录和证明材料。

业务类审计工作底稿是指审计人员对被审计单位财政、财务收支实施审计时所形成的工作记录,包括与形成和发表审计意见有关的所有重要事项及审计人员的专业判断。业务类审计工作底稿的主要内容包括被审计单位名称;审计项目名称;实施审计期间或截止日期;审计过程记录;索引号及页次;编制者姓名及编制日期;复核者姓名及复核日期;其他应说明事项。

(二)综合类审计工作底稿、分项目审计工作底稿和汇总审计工作底稿

业务类审计工作底稿按编制顺序又可进一步分为以下三类:

(1)综合类审计工作底稿,是指审计人员对被审计单位内部控制制度进行测试和对被审计单位会计报表及相关资料进行审计时所形成的审计工作底稿。

(2)分项目审计工作底稿,是指由审计人员按照审计方案确定的审计项目内容,逐项逐事编制形成的审计工作底稿。编制分项目审计工作底稿,应当做到一项一稿或一事一稿。

(3)汇总审计工作底稿,是指在分项目审计工作底稿编制完成的基础上,按照分项目审计工作底稿的性质、内容进行分类、归集、排序、综合而成的审计工作底稿。

三、审计工作底稿的基本结构和主要内容

(一)基本结构

无论什么样的审计工作底稿,其基本结构均包括以下四个部分。

1. 稿首部分

审计工作底稿的稿首部分主要包括：① 被审计单位全称；② 审计项目名称；③ 审计工作底稿编号，一般是以一个审计组织为主体，统一对所有审计工作底稿进行编号。

2. 内容记录

审计工作底稿的内容记录一般包括：① 审查的内容范围，即审查的具体内容，审查的资料范围、时间范围；② 审计的程序、方法；③ 审计的简要经过，包括审计发现的问题及成因分析，以及问题的类别、性质、次数和问题的具体记录等。

3. 审计意见

审计人员的审计意见主要包括：① 审计评价或结论，即对发现的问题做出实事求是、客观公正的评价并做出结论。② 审计处理意见和审计标准。根据审计标准针对存在的问题提出处理意见。③ 审计建议。针对存在的问题提出纠正的措施和建议。④ 审计附件。如审计作业过程中的各种记录和查明的证据资料；各种引证资料；各种查询记录和证明函件；各种有关的其他有价值的资料；等等。

4. 稿尾部分

除了上述三个基本部分外，审计工作底稿还必须标明审计项目的负责人、审计工作底稿的编制人及编制日期、审计工作底稿的复核人及复核日期等，并由有关人员签章以明确责任。这些内容构成审计工作底稿的稿尾部分。

（二）主要内容

无论什么样的审计工作底稿，都包括以下主要内容：

(1) 被审计单位名称。

(2) 审计项目名称（审计事项）。

(3) 审计项目地点或期间（实施审计期间或截止日期）。

(4) 审计过程记录。

(5) 审计标识及说明。

(6) 审计结论（审计结论或审计查出问题摘要及其依据）。

(7) 索引号及页次。

(8) 编制者姓名及编制日期。

(9) 复核意见、复核者姓名及复核日期。

(10) 其他应说明事项。

审计工作记录应当记载审计人员获取的证明材料的名称、来源、时间等，并附有经过审计人员鉴定的证明材料。审计工作记录的内容主要包括实施具体程序的记录及资料；审计测试评价的记录和审计方案及其调整变更情况的记录；审计人员的判断、评价、处理意见和建议；审计组讨论的记录和审计复核记录；审计组核实与采纳被审计单位对审计报告反馈意见的情况说明；审计组的审计报告稿；与其他方案事项有关的记录和证明资料。

任务实施

一、单项选择题

1. 下列关于审计工作底稿的说法,正确的是( )。
   A. 审计工作底稿是考核审计人员工作业绩的主要依据
   B. 完成审计工作以后应当将审计工作底稿移交给被审计单位
   C. 审计工作底稿应当与审计证据分离
   D. 审计结论无须在审计工作底稿中记录

2. 下列关于审计工作底稿的说法,正确的是( )。
   A. 审计工作底稿编制完成后就要直接归档
   B. 审计工作底稿中不需要记录审计过程
   C. 所有的审计活动都需要在审计工作底稿中记录
   D. 审计工作底稿的编制者应当与复核者分离

3. 下列内容不需要填制审计工作底稿的是( )。
   A. 已经完全查清的事实及其情节
   B. 证实事实确实存在的相关证据的说明
   C. 衡量该事实的审计依据
   D. 审计人员对审计事项的感想

4. 审计工作底稿自审计报告日起至少保持( )。
   A. 3 年　　　　　B. 5 年　　　　　C. 10 年　　　　　D. 20 年

5. 下列关于审计工作底稿的论述,不正确的是( )。
   A. 审计工作底稿可作为审计过程和结果的书面证明
   B. 审计工作底稿在审计工作完成后应当移交给被审计单位
   C. 审计工作底稿可以为督导人员开展复核工作提供基础
   D. 审计工作底稿中应当记录审计人员搜集的审计证据

二、简答题

请将以下管理类审计工作底稿和业务类审计工作底稿进行分类(可只标序号):
(1) 审前调查工作记录。
(2) 审计通知书。
(3) 存货抽查表。
(4) 库存现金监盘表。
(5) 被审计单位基本情况表。
(6) 审计报表初审情况表。
(7) 财政总预算会计报表。
(8) 会议记录。
(9) 被审计单位承诺书。
(10) 与下级往来审计工作底稿。

项目四

审计方法与技术

 项目描述

通过本项目的学习,让学生了解什么是审计方法、审计方法有哪几种,知道如何选用审计方法,熟悉作为常用审计方法的一般方法、基本技术和辅助技术究竟包括哪些内容。

 学习目标

1. 掌握顺查法、逆查法、直查法等审计方法的操作和应用
2. 掌握详查法、抽查法、重制法等审计方法的操作和应用
3. 掌握审阅法、复核法、核对法、盘存法等审计技术的操作和应用
4. 掌握函证法、观察法、鉴定法等审计技术的操作和应用
5. 了解分析性复核法、推理法、询问法、调节法等审计技术的操作和应用

 项目结构(图 4-1)

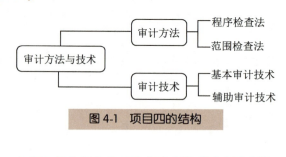

图 4-1 项目四的结构

任务一 审计方法

 任务描述

通过本任务的学习,能知晓程序检查法的优缺点及其操作和应用,能掌握范围检查法的优缺点及其操作和应用。

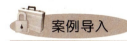

案例导入

"一代药王"被判刑！15万张假发票、300亿元财务造假！

2021年11月17日，广东省佛山市中级人民法院对康美药业原董事长、总经理马某等12人操纵证券市场案公开宣判。从立案到一审宣判，整个过程耗时近三年。一代药王的故事虽然结束了，但留下的疑问，市场各方仍在热议，投资者想知道的是如何能识破一家造假的公司，而更多的上市公司更愿意看看这前车之鉴，而思后事之师。

康美药业财务造假案也是迄今为止法院审理的原告人数最多、赔偿金额最高的上市公司虚假陈述民事赔偿案件。但打开这起案件的密码，了解康美药业财务造假的全过程，探寻公司实际控制人马某的故事，需要从深圳一栋不起眼的大楼和一篇财务分析文章开始。

2018年10月16日，位于深圳市福田区的一栋大楼里，一篇财务分析文章悄然上线，这篇文章名为《康美药业盘中跌停，疑似财务问题自爆：现金可疑，人参更可疑》。文章的作者是两个年轻人，一个叫付彦龙，另一个叫林熙明。

在康美药业的财报中，2015年到2017年，公司账上分别有158亿元、273亿元和341亿元的货币资金，但付彦龙和林熙明也发现，康美药业账上有这么多现金，但这家公司仍然在大量贷款，而且利息支出比利息收入要多很多。对此，研究财务的付彦龙和林熙明很不理解。

2018年10月16日，质疑康美药业财务造假的研究报告在网上公开发表，当天，康美药业的股票跌停，此后三天连续跌停。也就在10月16日当晚，中国证监会紧急成立康美药业核查小组，第二天，核查小组迅速进入康美药业，调取相关的财务凭证，就此展开对康美药业的财务调查。

2020年5月14日，中国证监会对康美药业下达了《行政处罚决定书》。2016年到2018年，康美药业通过伪造和变造增值税发票、伪造银行回款凭证、伪造定期存单，累计虚增收入达到291.28亿元，虚增利润近40亿元。

中国证监会查证康美药业在《2018年年度报告》中以亳州华佗国际中药城、普宁中药城等6个工程项目为理由，虚增固定资产11.89亿元，虚增在建工程4.01亿元，虚增投资性房地产20.15亿元。

除了房地产弄虚作假外，中国证监会调查人员在与康美药业相关的3 700多个银行账户、420多万条银行流水信息中发现，马某一直在市场中坐庄炒股，而且炒卖的竟是自己公司的股票。只有股票不断往上涨，马某等人才能从中获益。2019年4月29日晚，康美药业对外披露2018年年报和2019年一季报，在这两份文件中，康美药业表示2017年公司财务报表年末货币资金多计了299.44亿元，营业收入多计了88.98亿元，营业成本多计了76.62亿元。近300亿元货币资金，说有就有，说没有就没有，严肃的会计审计，竟然随意地将300亿元的资金用会计差错一笔带过。如此荒诞的会计审计报告，就这样堂而皇之地公布在市场上。

思考： 康美药业的具体造假手段与方法都有哪些？会计师事务所在此过程中出现了哪些违规行为？

任务准备

审计的一般方法也称审计的基本方法,是指与检查取证的程序和范围有关的方法。审计的一般方法又可分为程序检查法和范围检查法两类。程序检查法是指按照什么样的顺序依次进行检查的方法,如顺查法、逆查法、直查法等;范围检查法是指采用什么样的审计手续在什么样的范围之内进行检查取证的方法,如详查法、抽查法、重制法等。

一、程序检查法

(一) 顺查法

顺查法也称正查法,是指按照会计业务处理的先后顺序依次进行检查的方法。会计人员处理会计业务的顺序是:首先取得经济业务的原始凭证,根据审核无误的原始凭证编制记账凭证;其次根据记账凭证分别登记明细账、日记账和总账;最后根据会计账簿记录编制会计报表。使用顺查法时,审计顺序与会计业务处理顺序基本一致。

顺查法主要采用了审阅和核对的技术方法。通过对会计凭证、会计账簿和会计报表的审阅与核对,借以发现问题、寻找原因并查明真相。采用顺查的取证方法,审查仔细而全面,很少有疏忽和遗漏之处,并且容易发现会计记录及财务处理上的弊端,因而能取得较为准确的审计结果。但是,顺查法费时、费力,成本高、效率低,同时也很难把握审计的重点。因此,在现代审计中已经很少使用顺查法。顺查法一是适用于规模小、业务量少的被审计单位;二是适用于管理混乱、存在严重问题的被审计单位;三是适用于特别重要或特别危险的审计项目。

(二) 逆查法

逆查法也称倒查法或溯源法,是指按照会计业务处理程序完全相反的方向依次进行检查的方法。逆查法的基本做法与顺查法相反。

逆查法主要采用了审阅和分析的技术方法,并根据重点和疑点,逐个进行追踪检查,直到水落石出。因此,相比于顺查法,逆查法取证范围小,但有一定的审查重点,能够节约审计的时间和精力,有利于提高审计的工作效率。逆查法是现代审计实务中较为普遍采用的一种方法。由于逆查法不对被审计资料进行全面而系统的检查,仅仅根据审计人员的判断做重点审查,因此不能进行全面取证,也不能全面地揭露会计上的各种错弊。如果审计人员能力不强、经验不足,很难保证审计的质量,其失误的可能性比使用顺查法大得多。逆查法本身的优缺点决定了其适合于对大型企业及内部控制健全的单位,而不适合于对管理混乱的单位及重要和危险的项目进行审计。

(三) 直查法

直查法是相对于顺查法和逆查法而言的,它是指直接从有关明细账的审阅和分析开始的一种审计方法。这种方法在检查明细账以后,可根据需要审核记账凭证及所附的原始凭证,或审核总账与报表等。

直查法最大的优点是,应用起来灵活方便,既可根据需要向两边延伸,又能抓住重点,从而较快地查出问题,提高工作效率。应用直查法既能克服顺查法因事无巨细的审查而造成的工作低效率,以及因不能从大处着手把握问题而使审计效果不佳的缺陷,又能克服逆查法因会计报表指标的高度综合性而造成的难于捕捉疑点和线索的局限性。因此,直查法的应用非常广泛,效果也很好。不过,这种方法也有缺点,由于审计时只能抓重点问题,因此难以做出十分精确的审计结论。一般而言,直查法除了个别特别重要和危险的审计项目,或管理混乱、账目资料不全的审计项目不适用外,其余场合都适用。

在审计实践中,顺查法、逆查法和直查法不是彼此孤立应用,而是结合运用的,这样可以提高工作效率和工作质量。如果需要检查的资料内容众多,而且审查的时间范围又广,那就适宜应用逆查法或直查法,在应用逆查法和直查法的同时,还可以局部兼用顺查法;如果需要检查的资料内容不多,审查时间又短,又希望获得非常具体的情况,则宜应用顺查法,并且在应用顺查法的同时,亦可局部兼用逆查法或直查法;直查法则在绝大多数情况下都能应用,并且在具体应用时,既要应用顺查法,又要应用逆查法。三种方法的比较如表 4.1-1 所示。

表 4.1-1　　　　　　　　　　顺查法、逆查法、直查法之比较

方法	优点	缺点	适用范围
顺查法	广泛取证,最大限度查错防弊	费时、费力,成本高、效率低	规模小、业务量少的单位;管理混乱、存在严重问题的单位;特别重要或危险的审计项目
逆查法	重点突出,提高审计效率,降低成本	不能全面取证,不利于保证审计质量	大型企业;内部控制健全的单位
直考法	灵活方便,兼备顺查与逆查的优点	只能抓住重点,难以做出十分精确的结论	特别重要和危险的审计项目不适用;管理混乱、账目资料不全的审计项目不适用

二、范围检查法

(一) 详查法

详查法也称精查法或详细审计法,是指对被审计单位被查期内的所有活动、工作部门及其经济信息资料,采取精细的审计程序,进行细密周详的审核检查。详查法与全面审计不同。全面审计指审计的种类,是按审计范围对审计进行的具体分类;详查法指审计检查的方法,是按检查手续对检查方法进行的具体分类;全面审计中的某些审计项目,根据需要既可以进行详查,也可以不进行详查。

详查法最大的优点是,对于会计工作中的错弊行为,能揭露无遗,因而也能够做出较精确的审计结论。但应用费时、费力,工作效率很低,审计工作成本昂贵。因此,在对业务量多而复杂的单位进行审计时,一般不可能对全部资料和业务应用详查法进行检查。有时,即便用了详查法,也会因涉及的面过大而难以抓住重点,从而疏漏一些错弊行为。事实上,随着管理水平的提高和单位内部控制的加强,再进行全面的详细审计就显得毫无必要。一般来

说,除了对经济活动简单、业务量极少的小型单位,以及对审计目标有重大影响,或认为存在错误或舞弊行为的可能性很大的审计项目进行审计时应用详查法外,其余场合不宜应用。在实际工作中,通常将详查法同抽查法结合起来应用。

(二) 抽查法

抽查法也称抽样审计法,是指从作为特定审计对象的总体中,按照一定方法,有选择地抽出其中一部分资料进行检查,并根据检查结果对其余部分的正确性及恰当性进行推断的一种审计方法。

抽查法根据具体抽样方法的不同而有区别。抽样就是从审计对象的总体中抽取一部分项目,被抽取的项目通常称为样本项目。抽样的方法大致有三种,即任意抽样、判断抽样和随机抽样(又称统计抽样)。

抽查法最大的优点是,能使审计人员从简单而繁杂的数字游戏中解脱出来,极大地提高工作效率。但应用起来不大灵活,尤其统计抽样法更是烦琐,而且应用抽查法做出的审计结论与被审计单位的实际情况往往有偏差。一般来说,对要求审计的时期长、业务内容多、规模大的单位进行审计时,除个别对审计目标有重大影响,或认为存在错误或舞弊行为的可能性很大的审计项目应采用详查法外,其余宜采用抽查法。总之,在应用抽查法审计时,并不完全排除进行详细检查,只有把两者有机地结合起来,才能做到既保证审计质量又节约审计资源。

(三) 重制法

重制法也称重记法,是指在既不能应用详查法也不能应用抽查法时所采用的审计方法。重制法是在对被审计单位应审经济资料进行整理重记的基础上,根据需要而进行的检查。应用重制法的根本理由是,由于被审计单位管理混乱无法提供完整而基本正确的经济资料,所以无法开展正常的审计工作,只有先记账,然后才能查账。

三种方法的比较如表 4.1-2 所示。

表 4.1-2　　　　　　　详查法、抽查法、重制法之比较

方法	检查手段	优点	缺点	适用范围
详查法	百分百检查	能够做出较精确的审计结论	效率低、成本高	小型单位; 重要或风险项目
抽查法	任意抽样 判断抽样 统计抽样	效率高、成本低	与实际情况可能存在偏差	大型单位; 非重要或非风险项目
重制法	整理重记后检查	为查明严重问题提供条件	成本高、时间长	管理混乱的单位; 证、账、表不全的项目

任务实施

一、单项选择题

1. 审计取证方法按取证顺序与记账程序的关系可分为(　　)。
   A. 顺查法与逆查法　　　　　　B. 详查法与抽查法
   C. 计算法与检查法　　　　　　D. 核对法与比较法

2. 按记账程序发生顺序的相反方向进行审查的审计取证方法称为(　　)。
   A. 核对法　　　B. 计算法　　　C. 逆查法　　　D. 分析法

3. 对业务规模大、内部控制制度比较好的被审计单位取证时,可采用(　　)。
   A. 详查法　　　B. 顺查法　　　C. 全部检查　　　D. 逆查法

4. 下列审计取证方法,最适于实现总体合理性审计目标的是(　　)。
   A. 检查法　　　B. 观察法　　　C. 计算法　　　D. 分析性复核法

5. 对被审计单位的某类经济业务和会计资料的全部内容进行详细审查的方法是(　　)。
   A. 抽查法　　　B. 详查法　　　C. 顺差法　　　D. 观察法

二、多项选择题

1. 检查法可用于(　　)等书面资料的审查。
   A. 原始凭证　　B. 账簿　　C. 报表　　D. 方案
   E. 计划

2. 审计工作中,适用顺查法的被审计单位一般(　　)。
   A. 业务规模较小　　　　　　B. 会计资料较少
   C. 存在问题较多　　　　　　D. 内部控制制度健全
   E. 会计工作基础较好

3. 检查法可用于(　　)相关内容的对照复核。
   A. 凭证之间　　　　　　　　B. 凭证与账簿之间
   C. 账簿与报表之间　　　　　D. 银行存款日记账与银行对账单之间
   E. 报表之间

4. 审计抽样不适用于(　　)。
   A. 针对舞弊事件所实施的专案审计
   B. 从审计对象的总体中选择有特殊重要性的全部项目的审计
   C. 控制性测试与实质性测试
   D. 内部控制存在重大缺陷的被审计单位
   E. 非营利组织的审计

三、判断题

1. 由于审计就是查账,因而审计抽样就是抽查。　　　　　　　　　　　　(　　)
2. 顺查法一般适用于规模较大、业务较多的大中型企业和凭证较多的行政事业单位。
　　　　　　　　　　　　　　　　　　　　　　　　　　　　　　　　(　　)

3. 详查法的主要缺点是工作量太大,消耗人力和时间过多,审查成本高,故难以普遍采用。( )

4. 审计抽样是指注册会计师在实施审计程序时,从总体中选取一定数量的样本进行测试,并对所选项目发表审计意见的方法。( )

四、简答题

1. 请比较详查法与抽查法的特点、优点、缺点与适用范围。
2. 请描述顺查法与逆查法的特点、优点、缺点与适用范围。

任务描述

通过本任务的学习,能掌握审阅法、复核法、核对法、盘存法、函证法、观察法、鉴定法等基本审计技术的操作和应用,能了解分析性复核法、推理法、询问法、调节法等辅助审计技术的操作和应用。

案例导入

财务造假演绎"疯狂的石头"

"以全子公司为平台,虚构翡翠原石购销业务,通过造假方式实现业绩目标","主观恶意明显"。2020年4月24日,监管部门措辞严厉,点名上市公司东方金钰财务造假,公司股票随后连续两个交易日应声跌停。相比于2015年市值高点,暴跌超过90%!

2020年4月28日晚,东方金钰发布公告称,公司在当天收到了中国证监会下发的《行政处罚及市场禁入事先告知书》,这份公告也揭开了这起财务造假大案背后更多的细节:该孙公司刚成立就造假,控制19个银行账户,伪造交易合同,虚增利润上亿元,虚构利润金额占当期利润的比重高达211%!

中国证监会查明,在2016年12月至2018年5月的涉案期间,东方金钰为完成营业收入、利润总额等业绩指标,虚构其所控制的瑞丽市姐告宏宁珠宝有限公司(以下简称"宏宁珠宝")与普某等6名自然人名义客户之间的翡翠原石销售交易。天眼查显示,宏宁珠宝成立于2016年11月10日,为东方金钰的全资孙公司,后者的全资子公司东方金钰珠宝实业有限公司持有宏宁珠宝100%股权。这也意味着,宏宁珠宝前脚刚成立,后脚就成为这起财务造假案的核心主体。

中国证监会的调查结果显示,在前述两年多的涉案期内,宏宁珠宝控制了19个银行账户,虚构销售和采购交易资金流。

而这19个银行账户,被设计为三组。第一组为普某等6名名义客户的银行账户,第二组为董某等7名自然人中转方的银行账户,第三组为李某等6名名义供应商的银行账户。

中国证监会查明,在虚构销售交易中,宏宁珠宝通过控制上述19个银行账户,将来源于或流经东方金钰及其控制的公司或银行账户的资金4.79亿元,通过上述中转方和名义供应商账户,转入6名名义客户账户,再控制上述名义客户账户支付销售交易款项,资金最终回流至宏宁珠宝,实现资金闭环。

销售交易得有配套合同,中国证监会同时查明,涉案销售交易涉及宏宁珠宝与普某等6名名义客户之间的翡翠原石销售合同也是假的,其理由如下:

(1) 该销售合同上普某等6名名义客户的笔迹与其真实笔迹明显不一致。

(2) 普某等6名名义客户称从未与宏宁珠宝发生过任何翡翠原石交易,从未在宏宁珠宝翡翠原石销售合同或出库单等文件上签字。

(3) 从合同的履行情况看,宏宁珠宝并无上述交易中交付合同标的物的记录,如提货人名称记录、提货单据、物流单据等,相关工作人员亦不知悉标的物的去向,也未见过前来看货和提货的客户。

(4) 普某等6名名义客户缺少翡翠原石交易的相关经历、经验、鉴定能力、资金实力及渠道,客观上缺少签订并履行翡翠原石交易合同的能力。

中国证监会认定,综合考虑合同签字情况、履行情况、交易主体适格情况等,宏宁珠宝与上述6名名义客户的翡翠原石交易合同系虚假合同。因此,东方金钰通过其控制的宏宁珠宝虚构上述销售交易的资金流及销售合同等,虚构上述销售交易。

有卖就得有买。公告显示,除了销售交易作假外,东方金钰还虚构了上亿元的采购交易。中国证监会查明,为使涉案资金顺利地从东方金钰及其控制的公司转入名义客户账户,宏宁珠宝在2016年至2017年伪造与李某等6名名义供应商之间的采购合同,虚构采购交易。

宏宁珠宝向李某等6名名义供应商支付了8.18亿元采购款,其中3.98亿元通过中转方账户转入名义客户账户。如此一来,东方金钰通过其控制的宏宁珠宝虚构上述采购交易的资金流及采购合同等,虚构了上述采购交易。

就这样,宏宁珠宝通过控制19个银行账户,伪造销售和采购交易现金流水,相关资金来源于东方金钰及其控制的公司或银行账户,最终作为普某等6名名义客户支付的销售款项流入宏宁珠宝,构成了一个完整的资金链条闭环。

中国证监会查明,东方金钰在2016年至2018年连续三年的定期报告中的营业收入、营业成本、利润总额等科目存在虚假记载。

根据东方金钰的年报,截至2018年12月31日,东方金钰存货账面余额为人民币89.34亿元,占资产总额的比重为82.54%,存货主要为翡翠原石、翡翠成品及黄金。公开信息显示,2004年至2017年,东方金钰耗资45.58亿元囤积了809块原石,其中仅2017年便花费25亿元采购了319块翡翠原石。但这批原石并没有给公司带来太大收益,数据显示,在2006年至2017年间,东方金钰仅销售了翡翠原石58块,合计销售金额还不足6亿元。

斥巨资追逐"疯狂的石头",甚至为此大幅举债,但最终销售状况不佳,反过来加剧了公司的流动性危机。2019年三季报显示,截至2019年9月末,东方金钰一年内到期的非流动负债高达49.49亿元,短期借款金额为10.59亿元,账面的货币资金却仅有647万元。

思考: 东方金钰的财务造假手段与方法有哪些?监管人员从哪些细节入手、使用了哪些手段与方法查明了事实真相?

任务准备

专门应用于具体审计证据的搜集和评价的方法,称为审计技术。审计技术主要在审计准备阶段和现场审查阶段应用,它与审计目标和审计证据有着密切的关系。不同的审计目标,需要采用不同的审计技术,这样才能取得必要的和充分的审计证据。审计人员要想圆满地完成审计任务,提出恰当的审计意见,就必须明确哪种审计技术适应于对哪种审计目标的审计证据的搜集和评价。审计技术多种多样,一般可分为基本审计技术和辅助审计技术两大类。

一、基本审计技术

(一) 审阅法

审阅法是指通过对被审计单位有关书面资料进行仔细观察和阅读来取得审计证据的一种审计技术。根据有关法规、政策、理论、方法等审计标准或依据对书面资料进行审阅,借以鉴别资料本身所反映的经济活动是否真实、正确、合法、合理及有效。

审阅法是一种十分有效的审计技术,不但可以取得一些直接证据,还可以取得一些间接证据,如通过审阅可以找出可能存在的问题和疑点,作为进一步审查的线索。审阅法主要用于对各种书面资料的审查,以取得书面证据。书面资料主要包括会计资料和其他经济信息资料及管理资料。

审阅的技巧如下:
(1) 数据的增减变动有无异常。
(2) 经济活动的真实性。
(3) 账户的对应关系。
(4) 时间关系有无异常。
(5) 购销活动有无异常。
(6) 经办人素质是否可靠。
(7) 要素内容是否健全。

(二) 复核法

复核法又称复算法或重新计算法,是指审计人员对被审计单位的原始凭证及会计记录中的数据进行验算或另行计算的一种审计技术。

1. 会计数据的复核

会计数据的复核主要是指对有关会计资料提供的数据进行的复核。
(1) 在会计凭证方面。
① 复核原始凭证上的数量、单价与金额的计算有无错误,若涉及多个子项的原始凭证,注意复核其合计是否正确,对自制的付款凭证如工资结算凭证更应注意,以防有诈。
② 复核记账凭证所附原始凭证的金额合计是否正确。
③ 复核记账凭证汇总表(科目汇总表)是否正确。

④ 复核转账凭证上转记金额计算是否正确。
⑤ 复核成本计算中有关费用的归集与分配，以及单位成本的计算有无错误等。

(2) 在会计账簿方面。
① 复核明细账、日记账、总账的本期借贷方发生额的计算是否正确。
② 复核各账户余额的计算有无错误，尤其应注意对库存现金日记账和有关实物明细账的复核，以防利用记账技巧进行舞弊。
③ 复核有关明细账余额之和的计算有无错误。

(3) 在会计报表方面。
① 复核资产负债表中的小计数、合计数及总计数的计算是否正确。
② 复核利润表及主营业务收支明细表、利润分配表中的利润总额、净利润、利润分配等有关数据的计算有无错误。
③ 复核现金流量表有关项目的计算、小计、合计有无错误。
④ 复核其他明细表有关栏和行的合计，以及最后的总计有无错误。
⑤ 复核各报表补充资料中有关指标的计算是否正确。

2. 其他数据的复核

这主要是指对统计核算提供的一些重要指标的复核，如工作时间的复核（包括定额工作时间、计划工作时间、实际工作时间）、生产任务完成情况的复核等。必要时，还应对有关预测、决策数据进行复核。

复核法虽然是一种较为简单的审计技术，但要取得良好的效果，必须善于抓住重点、找准关键的数据，必须小心谨慎、反复验算，绝不可过于自信和轻信。

(三) 核对法

核对法是指将书面资料的相关记录，或将书面资料的记录与实物进行相互勾对，以验证其是否相符的一种审计技术。

在审计中，需要相互核对的内容很多，但概括起来主要有三个方面：会计资料间的核对、会计资料与其他资料的核对及有关资料记录与实物的核对。

1. 会计资料间的核对

(1) 核对记账凭证与所附原始凭证。核对时，应注意两点：一是核对记账凭证与原始凭证之间的有关内容是否一致，包括经济业务内容摘要、数量、单价、金额合计等；二是核对记账凭证上载明的张数与所附原始凭证的张数是否相符。

(2) 核对汇总记账凭证与分录记账凭证合计，查明其是否相符。

(3) 核对记账凭证与明细账、日记账及总账，查明账证是否相符。

(4) 核对总账与所属明细账余额之和，查明账账是否相符。

(5) 核对报表与有关总账和明细账，查明账表是否相符。

(6) 核对有关报表，查明报表间的相关项目，或总表的有关指标与明细表之间是否相符。

上述核对内容要点，可概括为证据核对、账证核对、账账核对、账表核对和表表核对。

2. 会计资料与其他资料的核对

(1) 核对账单。即将有关账面记录与第三方的账单进行核对，查明是否一致，有无问题。如将银行存款日记账同银行的对账单进行核对,将应收应付账款与外来的对账单进行核对,等等。

(2) 核对其他原始记录。即将会计资料同其他原始记录进行核对,查明有无问题。这些重要的原始记录包括核准执行某项业务的文件、生产记录、实物的入库记录、出门证、出库记录、托运记录、职工名册、职工调动记录、考勤记录及有关人员的信函。在进行某些专案审计时,这种会计资料与其他原始记录之间的相互核对,尤为重要。

3. 有关资料记录与实物的核对

报表或账目所反映的有关财产物资是否确实存在,是财产所有者普遍关心的问题。因此,核对账面记录与实物之间是否相符,是核对的重要内容。核对时,应将有关盘点资料与账面记录进行核对,或拿审计时实地盘点获得的结果与账面记录核对。

(四) 盘存法

盘存法是指通过对有关财产物资的清点、计量来证实账面反映的财产物资是否确实存在的一种审计技术。按具体做法的不同,有直接盘存法和监督盘存法两种。直接盘存法是指审计人员在实施审计检查时,通过亲自盘点有关财产物资来证实与账面记录是否相符的一种盘存方法。监督盘存法是指审计人员现场监督被审计单位各实物资产及现金、有价证券等的盘点,并进行适当的抽查。同时,在监盘时,审计人员还应对实物资产的质量及所有权予以关注。

实物盘点工作只能证实实物的存在性,而不能证实其所有权和质量好坏,因此,审计人员还要另行审计,以证实其所有权和质量问题。无论是直接盘点法还是监督盘点法,均是重要的检查有形资产的方法,它们可以为有形资产的存在性提供可靠的审计证据。盘存法的应用主要有以下几个步骤。

1. 盘点准备工作

(1) 确定需要盘点的财产物资并予以封存。被审计单位的财产物资种类繁多,全面盘点不大可能,也无必要,因此,应根据审计目标和审计项目的具体情况,确定需要盘点的重点。一般可通过以下标准来衡量:

① 是否未盘点过?
② 账面反映的存量是否合理?
③ 在成本中所占的比重是否过大?
④ 该物品是否属紧俏贵重物品?
⑤ 该物品是否为日常生活必需?
⑥ 该物品以往是否发生过舞弊问题?

若上述回答都是肯定的,则该项目应该成为盘点的重点。在需要盘点的财产物资确定好以后,若不能立即同时盘点,且又难以保证不让被审计单位知道情况,则应将需要盘点的财产物资予以封存,贴上封条后将钥匙交财物经管人保管。

(2) 调查了解有关财产物资的收发保管制度,并对各项制度控制功能的发挥情况做出评估,找出控制的薄弱环节,明确重点。

(3) 确定参加盘点的人员。在盘点成员中,至少要有两名审计人员、一名财务负责人和一名实物保管人,同时还应有必要的工作人员。

（4）结出盘点日的账面应存数，即通过审阅、复算、核对，将账面记录和计算错误予以消除。

（5）准备记录表格，检查度量器具。用于盘点的度量器具一定要经过检查，以防弄虚作假而使盘点结果失真。

（6）选择恰当的盘点时间。盘点时间的选择，一般以不影响工作正常进行为准，宜选择在每天的业务终了后或业务开始前进行。

2. 进行实地盘点

准备就绪，应立即着手进行盘点，对于一般的财物盘点，审计人员主要在场监督，看看工作人员是否办理了应该办理的手续，同时，注意观察有关物品的质量；对于特别重要的财物盘点，审计人员除了监督、观察外，还应进行复点，如现金的盘点、有价证券的盘点、贵重物品的盘点等。

盘点完毕，应将盘点所获的实际情况，如实地填在事先准备好的表格上。

3. 确定盘点结果

通过将盘点获得的结果与账存进行比较，就能知道账实之间是否相符，若不相符，则要找到存在的问题，运用其他方法进一步检查落实。

盘点结果确定以后，应由所有在场人员（尤其是实物保管人、财务负责人及审计人员）在盘点表上签名，以明确责任。

盘存法主要用于各种实物的检查，如现金、有价证券、材料、产成品、在产品、库存商品、低值易耗品、包装物、固定资产等。在具体运用盘存法时，应特别注意以下各点：

（1）实物盘存一般采取预告检查方式，如有需要，也可采取突击检查方式。如果实物存放分散，应同时盘点。若不能同时盘点，则未盘实物的保管应在审计人员的监督下进行。

（2）不能只清点实物数量，还应注意实物的所有权、质量等。

（3）任何性质的白条，都不能用来充抵库存实物。

（4）在确定盘点小组的人选时，不能完全听任被审计单位安排，以防串通合谋舞弊。

（5）在确定盘点结果时，不要轻易下结论，尤其是涉及个人的问题，更应谨慎从事。

（6）若遇有检查日与结账日之间不一致，应进行必要调整。调整时，可分别按以下公式进行：

结账日账面应存数＝盘点日账面应存数＋盘点日与结账日之间的发出数－盘点日与结账日之间的收入数

结账日实存数＝盘点日实存数＋盘点日与结账日之间的发出数－盘点日与结账日之间的收入数

注意：第一个公式中的盘点日账面应存数，是在盘点准备阶段确定的，一般认为是无核算错误的账面存数，而不是被审计单位提供的盘点日账余额；两个公式中的两个调整项数据相同，但无论是期间的付出也好，还是期间的收入也好，若要用来调整，则必须经过审计人员的审核，只有认为正确无误时，才能用来调整。

（五）函证法

函证法是指审计人员根据审计的具体需要，设计出一定格式的函件并寄给有关单位和人员，根据对方的回答来获取某些资料，或对某问题予以证实的一种审计技术。

函证按要求对方回答方式的不同，又有积极函证和消极函证两种。积极函证是指对于函证的内容,不管在什么情况下,都要求对方直接以书面文件形式向审计人员做出答复。消极函证是指对于函证的内容,只有当对方存有异议时,才要求对方直接以书面文件形式向审计人员做出答复。至于在何种情况下采用积极函证方式或消极函证方式,一般视函证业务事项的具体情况而定。

1. 函证方式的选择

积极函证方式适用于以下场合:

(1) 函证业务事项较为重要。一方面,可以从该业务事项的金额大小来衡量;另一方面,可以从该业务事项涉及的问题性质来衡量。

(2) 函证业务事项极为有限。

(3) 函证业务事项延续的时间极长。

(4) 对函证业务事项还存有较多疑点。

其余场合,则可采用消极函证方式。在采用消极函证方式时,只要在规定期限内未收到他方的答复函,则可认为函证业务事项的实际情况与审计人员的认识是一致的。

2. 函证法的技巧

(1) 选择在资产负债表日前后进行函证。

(2) 重要的事项要选取积极函证方式。

(3) 账龄长的事项要选取积极函证方式。

(4) 疑点多的事项要选取积极函证方式。

(5) 函证业务数量有限的可考虑选取积极函证方式。

(6) 控制函证的过程,寄送和收回都由审计人员完成。

(7) 对重要的函证事项,应注意保密,以防止被审计单位采取临时补救措施。

(8) 在采用积极函证方式,但未能在规定期限内收到答复函时,应采取其他措施,或是再次发函,或是亲临核实。

(9) 函证可用于银行存款、短(长)期借款、应收账款、应付账款等。

(10) 为了便于控制,应对函证事项和单位开列清单,并做好相应记录。

函证法既可用于有关书面资料的证实,也可用于有关财产物资的证实,如应收应付账款余额真实性的核实、财产物资所有权的核实等。一般而言,凡须从被审计单位以外的其他单位获取有关材料才能达到审计目的的,就可采用函证技术。

(六) 观察法

观察法是指审计人员通过查看相关人员正在从事的活动或执行的程序来取得审计证据的一种审计技术。如审计人员进入被审计单位以后,对被审计单位所处的外部环境和内部环境进行观察,借以取得环境证据;对被审计单位的人员行为进行观察,借以发现问题和证实问题,并取得行为证据;对被审计单位的财产物资进行观察,了解其存放、保管和使用状况,借以确定盘点重点、证实账簿记录、充实证据资料。

(七) 鉴定法

鉴定法是指审计人员需要证实的经济活动、书面资料及财产物资超出审计人员专业技术时,由审计人员另聘有关专家运用相应专门技术和知识加以鉴定证实的一种审计技术。

在聘请有关人员时,应判断被聘人员能否保持独立性,与被鉴定事项所涉及的有关方面有无利害关系;鉴定后,应正式出具鉴定报告并签名,以明确责任。

二、辅助审计技术

辅助审计技术是相对于基本审计技术而言的,它是指为搜集重要审计证据提供线索,或为搜集重要审计证据以外的补充证据而采用的审计技术。这些辅助技术可以让审计人员很快发现问题,为进一步检查提供方向,这样就可少走弯路,从而提高工作效率。辅助审计技术的内容很多,但主要包括分析性复核法、推理法、询问法、调节法等。

(一) 分析性复核法

分析性复核法是指审计人员对被审计单位重要的相关比率或趋势进行分析和比较的一种审计技术,包括调查异常变动及这些重要比率或趋势与预期数额和相关信息的差异。分析性复核法是一项技术性较高、说服力较强的取证手段,它要求审计人员具有较高的专业判断能力和丰富的审计经验,并运用一定的方式和程序,确保将检查风险降至可接受水平。常用的分析性复核法主要有比较分析法、平衡分析法、科目分析法和趋势分析法。

1. 比较分析法

比较分析法是指直接通过对有关项目的对比来揭示其中的差异,并分析和判断差异形成原因的一种分析技术。按对比时所用指标的不同,比较分析又分绝对数比较分析和相对数比较分析两种。

绝对数比较分析是指直接通过有关项目总额的对比来揭示其中的差异所在并进行分析和判断的一种分析技术。这种比较可以揭示有关项目的增减变动有无异常、是否合情合理、是否存在问题。

相对数比较分析又称比率分析,是指通过计算出有关项目的百分比、比率或比重结构等相对数指标,然后根据相对数指标的对比来揭示其中的差异,并分析和判断有无问题的一种分析技术。相对数比较分析较绝对数比较分析更便于发现问题。

在具体应用比较分析法时,应注意以下各点:

(1) 对比之前,应对用于对比的被审项目有关资料内容的正确性予以认可。

(2) 对比的各项目之间,必须具有可比性。

(3) 应对比哪些内容,应根据比较的目的而定。

(4) 比较揭示的差异,应加以记录并附加分析说明,为决定采用其他审计技术所用。

2. 平衡分析法

平衡分析法是指根据复式记账原理和会计制度的规定,以及经济活动之间的内在依存关系,对应该存在内在制约关系的有关项目进行计算或测定,以检查制约关系是否存在并揭示其中有无问题的一种分析技术。

在具体应用平衡分析法时,应注意以下各点:

(1) 对有关指标先进行复核,验证本身是否正确。

(2) 分析前,应找出项目之间存在的依存制约关系。

(3) 应掌握一些生产经营活动的基本常识,以利于对依存制约关系的发现。

3. 科目分析法

科目分析法又称账户分析法,它是指以会计原理为依据,对总分类账户的借方或贷方的对应账户及其发生额和余额是否正常进行分析的一种技术。如将"产品销售收入"与"银行存款""应收账款""库存现金""应付账款"等账户结合起来分析,既可以审查有无差错和弊端,还可以了解产品销售情况、应收账款发生和收回情况、费用发生和支付情况等。

在具体应用科目分析法时,应注意以下各点:

(1) 应针对被审计单位的具体情况,找出其中应该重点检查的科目。

(2) 在编制科目分析表时,应谨慎小心,以防疏漏而导致得出错误的审计结论。

(3) 必须将正常的对应科目列全,否则难以发现问题。

4. 趋势分析法

趋势分析法又称动态分析法,是指从发展的观点来分析和研究经济活动在时间上的变动情况,从而揭示其增减变动的幅度及其发展趋势是否正常合理、有无问题的一种分析技术。趋势分析法不是着眼于某一个时点,而是从各个不同时期的综合比较来揭示其中的规律性,并预测未来。因此,采用这种分析技术便于把握住被审计单位经济活动的发展前景,并提出一些建设性的意见和建议。

在具体应用趋势分析法时,应注意以下各点:

(1) 分析前,应对用于分析的各种指标本身的可比性予以认可。

(2) 用于趋势分析的有关指标,在各个时期应具备可比性。

(3) 选用的方法必须合理、恰当。

(4) 做出分析结论时,应综合考虑各种因素的影响,绝不能草率从事。

(二) 推理法

推理法是指审计人员根据已经掌握的事实或线索,结合自身的经验并运用逻辑方法来确定一种审计方案并推测实施后可能出现的结果的一种审计技术。推理与分析、判断有着密切的联系,通常将其合称为"分析推理"或"判断推理"。推理法是一种极为重要的辅助审计技术。

(三) 询问法

询问法又称面询法,是指审计人员针对某个或某些问题通过直接找有关人员面谈,以取得必要的资料或对某个或某些问题予以证实的一种审计技术。

(四) 调节法

调节法是指审查某一经济项目时,为了验证其数字是否正确,而对其中某些因素进行必要的增减调节,从而求得所需要证实的数据的一种审计技术方法。

任务实施

一、单项选择题

1. 审计人员通过对与被审计事项有关的单位和个人进行书面或口头询问而取得审计

证据的方法是(　　)。

　　A. 观察法　　　B. 询问法　　　C. 分析性复核法　　D. 检查法

2. 对被审计单位的某类经济业务和会计资料的全部内容进行详细审查的方法是(　　)。

　　A. 抽查法　　　B. 详查法　　　C. 顺差法　　　　D. 观察法

3. 下列审计取证方法,能够为应收账款的真实性提供可靠审计证据的是(　　)。

　　A. 观察法　　　B. 函证法　　　C. 监盘法　　　　D. 分析性复核法

4. 审计人员对被审计单位有关数据进行比较和分析,以发现异常项目和异常变动的审计取证方法是(　　)。

　　A. 分析性复核法　　　　　　　B. 函证法
　　C. 观察法　　　　　　　　　　D. 检查法

5. 在实际工作中,往往把审阅法与(　　)结合起来应用。

　　A. 观察法　　　B. 鉴定法　　　C. 比较法　　　　D. 核对法

6. (　　)是由审计人员亲自到现场盘点实物,证实书面资料与有关的财产物资是否相符的方法。

　　A. 监督盘存法　　　　　　　　B. 观察法
　　C. 调节法　　　　　　　　　　D. 直接盘点法

7. (　　)是指在审查某个项目时,通过调整有关数据,以证实实际数据的方法。

　　A. 鉴定法　　　B. 调节法　　　C. 盘存法　　　　D. 抽样法

二、多项选择题

1. 分析性复核法可用于(　　)。

　　A. 审计准备阶段　　　　　　　B. 审计实施阶段
　　C. 审计检查阶段　　　　　　　D. 审计分析阶段
　　E. 审计终结阶段

2. 财产物资审计的方法包括(　　)。

　　A. 盘点法　　　B. 调节法　　　C. 观察法　　　　D. 查询法
　　E. 鉴定法

三、判断题

1. 函询是通过向有关单位发函了解情况取得证据的方法,这种方法一般用于往来款项的查证。(　　)

2. 对于容易出现舞弊行为的现金、银行存款和贵重的原材料,应采用监督盘点法。(　　)

四、简答题

1. 如何审阅会计资料及其异常数据?
2. 如何进行实物盘点工作?实物盘点工作有哪些注意事项?
3. 有哪几种函证方法?各有什么用途?各自的适用范围是什么?

项目五

资产审计

项目描述

资产审计侧重于防止高估或多列资产,这是因为高估资产通常与企业收入的虚增和高估相伴,可以达到虚增或高估净收益、粉饰会计报表的目的。高估资产不但会影响企业的财务状况,还会影响企业的经营成果。

本项目通过案例分析,逐步探索资产审计的基本知识、方法及业务分析,重点介绍货币资金、应收账款、存货和固定资产审计的程序、内容和方法及工作底稿的编制。

学习目标

1. 理解各资产项目的审计目标
2. 熟悉各资产项目的审计程序
3. 掌握各资产项目审计工作底稿的编制方法

项目结构（图 5-1）

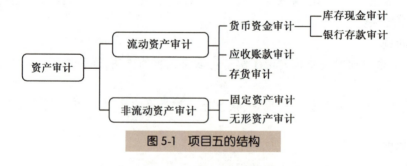

图 5-1 项目五的结构

任务一 流动资产审计

任务描述

流动资产是指企业可以在 1 年或者超过 1 年的一个营业周期内变现或者运用的资产,

是企业资产中必不可少的组成部分。流动资产在周转过程中,从货币形态开始,依次改变其形态,最后又回到货币形态,各种形态的资金与生产流通紧密结合,周转速度快,变现能力强。加强对流动资产业务的审计,有利于确定流动资产业务的合法性、合规性,有利于检查流动资产业务账务处理的正确性,揭露其存在的弊端,提高流动资产的使用效益。流动资产审计的重点在于被审计单位是否高估资产,即资产是否存在、是否归企业所有。

一、货币资金审计

货币资金是企业经营资金在周转过程中停留在货币形态的那部分资金,是企业流动资产中流动性最强的部分,包括库存现金、银行存款和其他货币资金。货币资金是企业的血液,很重要;其流动性强,极易发生舞弊。货币资金审计与其他项目审计密切相关,不能孤立地审计货币资金。

货币资金内部控制的要点(图 5.1-1):

(1) 会计与出纳职责分工,钱账分管。
(2) 应日清月结。
(3) 一切付款应经过批准。
(4) 支票签发情况。
(5) 除按规定可用库存现金收支的款项外,其余都应通过银行转账结算。
(6) 应及时入账。
(7) 外汇(应)统一管理。

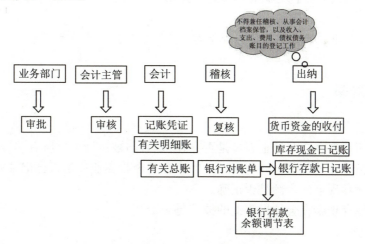

图 5.1-1 货币资金内部控制的要点

(一) 库存现金审计

2024 年 3 月 18 日,泰山会计师事务所接受委托对智凯公司 2023 年度资产负债表进行

审计。相关背景资料如下：

1. 审计人员于3月18日下午5:00点对库存现金进行了监盘。
2. 银行核定该单位库存现金限额为10 000元。
3. 2023年12月31日库存现金账面数为13 368元。
4. 2024年1月1日至盘点日3月18日累计现金收入为700元，累计现金支出为10 828元，经审核无误。
5. 该单位现金只有人民币。出纳员吴洋结出3月18日库存现金日记账余额为5 000元。
6. 现金盘点结果如下：

（1）实有现金共计3 920元。其中：100元币20张，共计2 000元；50元币10张，共计500元；20元币50张，共计1 000元；10元币30张，共计300元；5元币20张，共计100元；1元币20枚，共计20元。

（2）保险柜中发现下列已经发生但尚未制证入账的凭证：
① 零星收入2 100元尚未入账。
② 职工任翼飞1月15日借差旅费1 900元，已经领导批准。
③ 职工赵圆圆借条一张，日期为2023年10月6日，金额为300元（图5.1-2）。

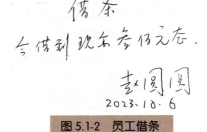

图5.1-2　员工借条

7. 除库存现金盘点中发现的问题外，其他经审计无误。

要求：请代替审计人员完成库存现金监盘表（表5.1-1）的填写。

任务准备

1. 审计目标

（1）确定库存现金在会计报表日是否存在，是否归被审计单位所有。
（2）确定被审计单位在会计期间发生的库存现金收支业务是否已记录完毕。
（3）确定库存现金的余额是否正确。
（4）确定库存现金在会计报表上的披露是否恰当。

2. 审计程序

（1）核对库存现金日记账和总账的余额是否相符。如果不相符，应查明原因，做出记录或调整。

（2）盘点库存现金。获取库存现金的实物证据。盘点库存现金的要求有：
① 不影响被审计单位的正常业务，盘点时间最好选在上午上班前或下午下班时，出纳员将库存现金集中存入保险柜，必要时可加以封存。
② 盘点人员必须是出纳员和被审计单位会计主管人员，并由注册会计师监盘。
③ 盘点保险柜中的库存现金实存数，分币种、面值填入库存现金盘点表。
④ 将盘点实存数与盘点日库存现金应有金额核对，如有差异，应查明原因，做出记录或

调整。

⑤ 资产负债表日后进行盘点的,应调整至资产负债表日的金额。即盘点日库存现金金额加上会计报表日至盘点日期间库存现金付出总额,减去会计报表日至盘点日期间库存现金收入总额。

练一练　　海林公司2023年12月31日账面库存现金余额为5 000元。2024年2月1日对库存现金进行盘点,盘点日库存现金账面余额为8 000元。经盘点,当日现金实有数额为8 000元。根据库存现金日记账的记录,2024年1月1日至2月1日共计收入现金120 000元,共计付出现金117 000元。则该公司库存现金盘点表编制的基本方法如下:

盘点日实有库存现金金额	8 000
加:报表日至盘点日库存现金付出总额	117 000
减:报表日至盘点日库存现金收入总额	120 000
报表日库存现金实有余额	5 000

(3) 抽查大额库存现金收支。对被审计单位大额的库存现金收支凭证进行抽查,检查其所附的原始凭证内容是否完整、有无授权批准、相关账户的进账情况如何、库存现金管理是否符合规定等。如有不相符,应查明原因,做出相应记录或调整。

(4) 检查库存现金收支的截止日期是否正确。被审计单位资产负债表中的库存现金数额,应以结账日实有数额为准。通常,审计人员可以对结账日前后一段时期内库存现金收付凭证进行审计,确定是否存在跨期入账问题。

(5) 检查外币库存现金的折算是否正确。检查外币库存现金的增减变动是否按业务发生时的市场汇率或业务发生当期期初的市场汇率折合为记账本位币,选用方法是否前后期保持一致,检查外币库存现金余额是否按期末市场汇率折合为记账本位币,外币折合差额是否计入相关账户。

(6) 结合银行存款、其他货币资金检查库存现金是否在资产负债表上恰当披露。

任务实施

表 5.1-1　　　　　　　　　　　库存现金监盘表

被审计单位:_____　　　　　　索引号:_____
项目:_____　　　　　　　　　财务报表截止日/期间:_____
编制:_____　　　　　　　　　复核:_____
日期:_____　　　　　　　　　日期:_____

检查盘点记录			实有库存现金盘点记录		
				人民币	
项目	项次	人民币/元	面额/元	数量/张(枚)	金额/元
上一日账面库存现金余额	①		100		
盘点日未记账凭证收入金额	②		50		

续表

检查盘点记录			实有库存现金盘点记录		
项目	项次	人民币/元	面额/元	人民币	
				数量/张(枚)	金额/元
盘点日未记账凭证支出金额	③		20		
盘点日账面应有库存现金金额	④=①+②-③		10		
盘点日实有库存现金金额	⑤		5		
盘点日应有与实有差额	⑥=④-⑤		1		
盘点差异原因分析	1. 2. 3.		合计		
追溯调整	报表日至审计日库存现金付出总额				
	报表日至审计日库存现金收入总额				
	报表日库存现金应有余额				
	报表日库存现金账面数				
审计说明:					

 知识拓展

常见库存现金错弊		
贪污现金	隐瞒收入	(1) 收入现金后,撕毁票据不报账或不入账; (2) 收入现金后,不开票据不报账或不入账
	利用篡改、刮擦、消褪等手段涂改凭证金额	利用管理上的漏洞或工作上的便利,更改凭证上的金额。 (1) 将收入金额改小; (2) 将支出金额改大
	支出的原始凭证重复报销	一证多报,多发生在财务部门
	大头小尾巴	多发生在费用报销环节,即利用假复写的办法,使现金存根金额多于实际支出金额
	向客户开出空白发票或收据	手段较高,轻松将收入据为己有
	冒充领导签字	在原始凭单上冒充领导签字进行业务报销
挪用现金	列错现金总额	(1) 出纳将库存现金日记账中收入合计数少列; (2) 出纳将库存现金日记账中支出合计数多列
	白条抵库	利用白条借出现金为自己或他人牟取私利
	收入不入账	出纳没有将收入的现金制证入账,而是挪作他用
	职工不正常借款	职工从单位借款后未办理正常业务,而是挪作他用
	侵吞银行借款	由于内部控制存在缺陷,经办银行借款的人员相互串通,借入款项不入账,并销毁借款存根
	应收账款收回后不及时处理	应收账款收到现金后不入账,而是挪作他用,多发生在会计或出纳身上
坐支现金	收入的现金不存入银行,直接支付使用	

（二）银行存款审计

案例导入

2024年3月18日，泰山会计师事务所接受委托对智凯公司2023年度资产负债表进行审计。相关背景资料如下（开户银行：工商银行泰山营业所；银行账号：9558061000634800135）：

1. 报表日（12月31日）智凯公司银行存款日记账和总账余额均为6 470 800元，12月31日银行对账单余额为6 497 400元，经核对后发现下列未达账项：

（1）12月25日，公司开出转账支票一张15 500元，持票人未到银行办理转账结算。

（2）12月30日，公司委托银行收款20 500元，银行已托收入账，但收账通知尚未到达公司。

（3）12月31日，银行代付水费9 400元，付款通知尚未到达公司。

2. 审计人员抽查有关货币资金如下：

7月10日38#凭证以支票支付广告费150 000元，10月28日45#凭证以现金支付招待费用2 000元，11月18日33#凭证以支票支付办公费8 200元，12月17日56#凭证以现金支付管理人员奖金860 000元，记账凭证及原始凭证完整，有授权批准，账务处理正确。

要求：根据上述资料填制银行存款余额调节表（表5.1-2）、货币资金收支检查情况表（表5.1-3）

任务准备

1. 审计目标

（1）确定被审计单位资产负债表中的银行存款在会计报表日是否存在，是否归被审计单位所有。

（2）确定被审计单位在会计期间发生的银行存款收支业务是否已记录完毕，有无遗漏。

（3）确定银行存款的余额是否正确。

（4）确定银行存款在会计报表上的披露是否恰当。

2. 审计程序

（1）核对银行存款日记账余额与总账余额是否相符。审计人员应当填制银行存款审定表或货币资金审定表。

（2）审查银行存款余额调节表。获取银行对账单及银行存款余额调节表，审查银行存款账面余额与银行对账单余额是否相符。审查会计报表日银行存款余额调节表是证实资产负债表所列货币资金中的银行存款是否存在的一种重要方法。银行存款余额调节表应按不同的银行账户及货币种类分别编制。

银行存款余额调节表的审计内容主要包括：① 验算银行存款余额调节表数据计算的正确性；② 审查未达账项的真实性。

银行存款余额调节表应由被审计单位编制并向审计人员提供，但在某些情况下，审计人员也可亲自编制银行存款余额调节表，以证实被审计单位资产负债表所列货币资金中银行存款的金额。

银行存款余额调节表是为了核对企业与银行双方账面余额而编制的列示双方未达账项的一种表。

未达账项是指由于企业与银行取得有关凭证的时间不同而发生的一方已经入账,而另一方尚未入账的款项。未达账项有以下四种情况:

① 银行已收款入账,企业尚未入账;
② 银行已付款入账,企业尚未入账;
③ 企业已收款入账,银行尚未入账;
④ 企业已付款入账,银行尚未入账。

银行存款余额调节表是在银行存款日记账余额和银行对账单余额的基础上,加减双方各自的未达账项,使双方余额达到平衡。其调节公式如下:

企业银行存款日记账余额+银行已收、企业未收的款项−银行已付、企业未付的款项=
银行对账单余额+企业已收、银行未收的款项−企业已付、银行未付的款项

(3)函证银行存款余额。函证是审计人员以被审计单位名义向银行发出询证函,以验证被审计单位的银行存款是否真实。

虽然审计人员可以从被审计单位获得银行对账单,了解银行存款的实有数额,但要确定银行存款的金额,仍需向被审计单位的开户银行进行函证。通过向开户银行函证,不但可以了解银行存款的存在情况,还可以了解被审计单位向银行借款的情况,发现被审计单位未入账的负债等情况。

(4)检查一年以上的定期存款或限定用途的存款。

(5)验证银行存款收支的截止。目的在于验证是否将属于本期的银行存款收支记入下期,或将下期的银行存款收支记入本期。

(6)抽查大额银行存款收支的原始凭证。看其内容是否完整,有无授权批准,并核对相关账户的进账情况。

(7)审查外币银行存款的折算是否正确。

(8)确定银行存款在资产负债表上的披露是否恰当。

任务实施

表 5.1-2　　　　　　　　　　银行存款余额调节表

被审计单位:＿＿＿＿＿＿＿＿＿＿　　索引号:＿＿＿＿＿＿＿＿＿＿
项目:＿＿＿＿＿＿＿＿＿＿　　　　　财务报表截止日/期间:＿＿＿＿＿＿
编制:＿＿＿＿＿＿＿＿＿＿　　　　　复核:＿＿＿＿＿＿＿＿＿＿
日期:＿＿＿＿＿＿＿＿＿＿　　　　　日期:＿＿＿＿＿＿＿＿＿＿

开户银行:＿＿＿＿＿＿＿＿＿＿　　银行账号:＿＿＿＿＿＿＿＿＿＿　　币种:＿＿＿＿＿

项目	金额/元	调节项目说明	是否需要审计调整
银行对账单余额			
加:企业已收,银行尚未入账合计金额			

续表

项目	金额/元	调节项目说明	是否需要审计调整
其中：1.			
2.			
减：企业已付，银行尚未入账合计金额			
其中：1.			
2.			
调整后银行对账单余额			
企业银行存款日记账余额			
加：银行已收，企业尚未入账合计金额			
其中：1.			
2.			
减：银行已付，企业尚未入账合计金额			
其中：1.			
2.			
调整后企业银行存款日记账余额			

经办会计人员（签字）：　　　　　　　　　　会计主管（签字）：

审计说明：

表 5.1-3　　　　　　　　　货币资金收支检查情况表

被审计单位：_____　　索引号：_____
项目：_____　　财务报表截止日/期间：_____
编制：_____　　复核：_____
日期：_____　　日期：_____

记账日期	凭证编号	业务内容	对应科目	金额/元	核对内容（用"√""×"表示）			
					1	2	3	4
2023 年 7 月 10 日	38#							
2023 年 10 月 28 日	45#							
2023 年 11 月 18 日	33#							
2023 年 12 月 17 日	56#							

核对内容说明：1. 原始凭证内容完整　2. 有无授权批准　3. 财务处理正确　4. 金额核对相符

审计说明:

 知识拓展

常见银行存款错弊

（1）制造余额差错。
（2）擅自提现。
（3）混用"库存现金"和"银行存款"科目。
（4）公款私存。
（5）出借转账支票。
（6）转账套现。
（7）涂改银行对账单。
（8）支票套物。
（9）从银行提现不记现金账。
（10）截留银行存款收入。
（11）重复登记银行存款支出款项。
（12）出借账户。
（13）涂改转账支票日期。
（14）套取利息。
（15）涂改银行存款进账单日期。
（16）其他错弊。主要包括：
① 未将超过库存限额的现金全部、及时地送存开户银行。
② 通过银行结算划回的银行存款不及时、足额入账。
③ 违反国家规定从事预收货款业务。
④ 开立"黑户"，截留存款。
⑤ 签发空头支票、空白支票，并由此给单位造成经济损失。
⑥ 银行存款账单不符。

二、应收账款审计

应收账款审计是企业财务审计中一项非常重要的内容。加强企业的应收账款审计，是做好资产、负债、损益审计工作的主要内容之一，这对加速资金周转、减少资金占用、提高资金利用率、促进资产保值增值都具有重要意义。

泰山会计师事务所 2024 年 3 月 11 日对智凯公司 2023 年度资产负债表进行审计。

1. 在实施应收账款实质性测试时,审计人员首先取得了应收账款明细表,并进行了审核。与明细账核对相符,审核无误。但发现存在贷方余额,明细账显示应收账款贷方余额为 50 万元,经查系 W 公司原预付货款余额,尚未按合同履行第二批供货。

2. 函证应收账款。审计人员向 4 家公司寄送了积极式询证函,收到其中 2 家公司的回函,未回函或回函差异如下:

(1) Y 和 M 公司分别欠款 234 万元和 117 万元,虽已发出询证函,但未收到回函。审计人员应实施何种程序进行判断?

(2) I 公司欠款 247 万元,收到对方回函,证明正确无误。但 H 公司欠款 15 万元,收到对方回函:已于 10 月份预付货款 25 万元,足以抵付欠款。审计人员应实施何种程序进行判断?

(3) 请代替审计人员向 L 公司发出询证函(表 5.1-4)。

(4) 按要求填制应收账款明细表 5.1-5、应收账款审定表 5.1-6(不考虑坏账准备的计提)。

要求:根据上述资料完成对智凯公司 2023 年度应收账款的审计,并编制审计工作底稿。

任务准备

(一) 审计目标

(1) 确定应收账款是否存在。
(2) 确定应收账款是否归被审计单位所有。
(3) 确定应收账款增减变动的记录是否完整。
(4) 确定应收账款是否可收回。
(5) 确定坏账准备的计提方法和比例是否恰当、计提是否充分。
(6) 确定应收账款和坏账准备期末余额是否正确。
(7) 确定应收账款和坏账准备在会计报表上的披露是否恰当。

(二) 审计程序

(1) 获取或编制应收账款明细表,复核其加计数是否正确,并与总账数和明细账合计数核对相符;结合坏账准备账户和报表数核对相符。

(2) 对应收账款进行账龄分析。应收账款的账龄是指从应收账款产生之日起至资产负债表日止所经历的时间。审计实务中,一般是将应收账款的账龄分析表和应收账款明细表合并编制。

如何确定每笔应收账款的账龄呢?这是审计工作中的一个难题。审计实务中,一般是以当年有无发生额为标准进行划分,当年有发生额的,该账龄为 1 年以内,当年无发生额的,该账龄为1年以上。对应收账款进行账龄分析的目的在于了解应收账款的可收回性,并确定对金额较大、账龄较长的应收账款进行函证。

(3)向债务人函证应收账款。应收账款函证是审计人员直接向被审计单位的债务人发函,以求证被审计单位应收账款的记录是否正确的一种审计技术。由于被审计单位常常高估资产,因此应收账款真实性审计是应收账款审计的重点。在应收账款审计中,函证是一种非常重要的审计技术。

应收账款函证对象一般按照下列原则选取:
① 账龄较长和金额较大的应收账款。
② 与债务人发生纠纷的应收账款。
③ 关联方的应收账款。
④ 主要客户的应收账款。
⑤ 交易频繁但期末余额较小甚至为零的应收账款。
⑥ 非正常应收账款。

函证方式分为积极函证方式和消极函证方式。积极函证方式就是向债务人发出询证函,要求其证实所函证的往来款项余额是否正确,无论对错都要求复函;消极函证方式也是向债务人发出询证函,但所函证的往来款项余额相符时不必复函,只有在所函证的往来款项余额不符时才要求债务人向注册会计师复函。

(4)检查未函证及函证未回函的应收账款。对于未函证的应收账款,应抽查有关的原始凭据,如销售合同、销售订单、销售发票副本、发运凭证等,以验证应收账款的真实性。对于函证未回函的应收账款,通过替代审计程序如检查与销售有关的文件,包括销售合同、销售订单、销售发票副本、发运凭证等来验证应收账款的真实性。

(5)请被审计单位在应收账款明细表上标出至审计时已收回的应收账款金额。检查收回金额较大的款项,核对收款凭证、银行对账单、销售发票等,以确认确实收回。

(6)检查坏账的确认和处理是否经授权批准,有关会计处理是否正确。

(7)分析应收账款明细账余额。应收账款明细账余额一般在借方,对于出现贷方余额的项目,应查明原因,必要时做重分类调整。

(8)检查外币应收账款的折算是否正确。

(9)检查应收账款在资产负债表上是否已恰当披露。

任务实施

(1)Y和M公司分别欠款234万元和117万元,虽已发出询证函,但未收到回函。审计人员应实施何种程序进行判断?

(2)I公司欠款247万元,收到对方回函,证明正确无误。但H公司欠款15万元,收到对方回函:已于10月份预付货款25万元,足以抵付欠款。审计人员应实施何种程序进行判断?

| 表 5.1-4 | 应收账款询证函——积极式询证函 |

编号:01

_____公司:

  本公司聘请的_____会计师事务所正在对本公司_____年度财务报表进行审计,按照中国注册会计师审计准则的要求,应当询证本公司与贵公司的往来账项等事项。下列信息出自本公司账簿记录,如与贵公司记录相符,请在本函下端"信息证明无误"处签章证明;如有不符,请在"信息不符"处列明不符项目。如存在与本公司有关的未列入本函的其他项目,也请在"信息不符"处列出这些项目的金额及详细资料。回函请直接寄_____会计师事务所。

回函地址: 邮编:

电话: 传真: 联系人:

1. 本公司与贵公司的往来账项列示如下:

单位:元

截止日期	贵公司欠	欠贵公司	备注

2. 其他事项。

本函仅为复核账目之用,并非催款结算。若款项在上述日期之后已经付清,仍请及时函复为盼。

(被审计单位盖章)

年 月 日

结论:

1. 信息证明无误。 (公司盖章) 年 月 日 经办人:	2. 信息不符,请列明不符项目及具体内容。 (公司盖章) 年 月 日 经办人:

表 5.1-5　应收账款明细表

被审计单位：＿＿＿＿＿＿＿＿
项　目：＿＿＿＿＿＿＿＿
编　制：＿＿＿＿＿＿＿＿
日　期：＿＿＿＿＿＿＿＿

索引号：＿＿＿＿＿＿＿＿
财务报表截止日/期间：＿＿＿＿＿＿＿＿
复核：＿＿＿＿＿＿＿＿
日期：＿＿＿＿＿＿＿＿

项目		期末未审数				账项调整		重分类调整		期末审定数			
名称	合计	1年以内	1—2年	2—3年	3年以上	借方	贷方	借方	贷方	合计	1年以内	1—2年	2—3年	3年以上
一、关联方														
L公司	1 500 000.00	1 500 000												
G公司	800 000.00				800 000.00									
二、非关联方														
W公司	−500 000.00	−500 000.00												
I公司	2 470 000.00	2 470 000.00												
Y公司	2 340 000.00	2 340 000.00												
M公司	1 170 000.00	1 170 000.00												
H公司	150 000.00		150 000.00											
合计	7 930 000.00	6 980 000.00	150 000.00		800 000.00									

审计说明：

表 5.1-6　　　　　　　　　　应收账款审定表　　　　　　　　　　单位：元

被审计单位：_____　　　索引号：_____
项目：_____　　　财务报表截止日/期间：_____
编制：_____　　　复核：_____
日期：_____　　　日期：_____

项目名称	期末未审数	账项调整		重分类调整		期末审定数	上期末审定数	索引号
		借方	贷方	借方	贷方			
一、账面余额合计								
1年以内								
1—2年								
2—3年								
3年以上								
二、坏账准备合计								
1年以内								
1—2年								
2—3年								
3年以上								
三、账面价值合计								
1年以内								
1—2年								
2—3年								
3年以上								
合计								

审计说明：

三、存货审计

存货审计是指对存货增减变动及结存情况的真实性、合法性和正确性进行的审计。存货审计直接影响着财务状况的客观反映，对揭示存货业务中的差错和弊端、保护存货的安全完整、降低产品成本和费用、提高企业经济效益等都具有十分重要的意义。

案例导入

泰山会计师事务所 2024 年 3 月 11 日对智凯公司 2023 年度资产负债表进行审计。

资料：

1. 智凯公司 2023 年度存货资料如表 5.1-7 所示。

表 5.1-7　　　　　　　　　　　　存货资料　　　　　　　　　　　　　　单位：元

明细账户	年初余额	借方发生额	贷方发生额	年末余额
在途物资	658 600.00	4 100 000.00	3 900 000.00	858 600.00
原材料	9 525 000.00	28 965 400.00	27 832 000.00	10 658 400.00
库存商品	3 250 000.00	46 325 000.00	45 500 000.00	4 075 000.00
周转材料	391 400.00	722 920.00	456 320.00	658 000.00
合计	13 825 000.00	80 113 320.00	77 688 320.00	16 250 000.00

2. 2024 年 3 月 11 日审计人员对下列 4 种存货进行了抽盘，有关资料如表 5.1-8 所示。

表 5.1-8　　　　　　　　　　　　存货抽盘资料　　　　　　　　　　　金额单位：元

存货名称	计量单位	盘点实存数量	报表日至抽盘日入库数	报表日至抽盘日发出数	账存数量	账存金额
原材料 A	吨	5 200	31 400	31 200	5 000	750 000.00
原材料 B	吨	3 800	26 520	26 220	3 500	420 000.00
库存商品甲	件	400	2 500	2 600	500	600 000.00
库存商品乙	件	350	3 900	3 800	250	325 000.00

3. 审计人员同时对抽盘的 4 种存货进行了计价测试，有关资料如表 5.1-9 所示。

表 5.1-9　　　　　　　　　　　　计价测试　　　　　　　　　　　　金额单位：元

存货名称	计量单位	年初结存		本年入库		本年发出		年末结存	
		数量	金额	数量	金额	数量	金额	数量	金额
原材料 A	吨	5 600	834 400.00	44 800	6 809 600.00	45 400	6 885 667.00	5 000	758 333.00
原材料 B	吨	3 900	471 900.00	31 200	3 806 400.00	31 600	3 851 689.00	3 500	426 611.00
库存商品甲	件	480	571 200.00	3 840	4 646 400.00	3 820	4 613 711.00	500	603 889.00
库存商品乙	件	310	406 100.00	2 480	3 199 200.00	2 540	3 282 244.00	250	323 056.00

要求： 根据上述资料编制存货审定表（表 5.1-10）、存货抽盘表（表 5.1-11）和存货计价测试表（表 5.1-12）。

任务准备

(一) 审计目标

(1) 确定存货是否存在。
(2) 确定存货是否归被审计单位所有。
(3) 确定存货增减变动的记录是否完整。
(4) 确定存货的品质状况,存货跌价准备的计提是否合理。
(5) 确定存货的计价方法是否恰当。
(6) 确定存货年末余额是否正确。
(7) 确定存货在会计报表中的披露是否恰当。

(二) 审计程序

(1) 获取或编制存货明细表,复核其加计数是否准确,并与明细账和总账余额核对相符。

(2) 执行分析程序,确定重点审计领域。常用的分析程序主要是简单比较分析法和比率分析法两种。

常用的简单比较分析法有:

① 比较前后各期的存货余额及其构成,以确定期末存货余额及其构成的总体合理性。
② 比较前后各期的生产成本总额及单位成本,以确定本期生产成本的总体合理性。
③ 比较前后各期的制造费用总额及其构成,以评价制造费用及其构成的总体合理性。
④ 比较前后各期的工资费用,以确定工资费用的合理性。
⑤ 比较前后各期的主营业务成本总额及单位销售成本,以确定主营业务成本的总体合理性。
⑥ 比较前后各期的直接材料成本,以评价直接材料成本的总体合理性。

常用的比率分析法有:

① 存货周转率。

$$存货周转率=主营业务成本/平均存货$$

存货周转率是用以衡量销售能力和存货是否积压的指标。存货周转越快越好。

② 毛利率。

$$毛利率=(主营业务收入-主营业务成本)/主营业务收入$$

毛利率是反映盈利能力的主要指标,用以衡量成本控制及销售价格的变化。

(3) 监督存货盘点。存货监盘是指审计人员现场监督被审计单位存货的盘点,并进行适当的抽查。存货监盘有两层含义:一是审计人员现场监督被审计单位存货的盘点;二是审计人员根据需要进行适当的抽查。监盘程序是验证存货是否存在的有效方法。通过存货监盘,可以证实被审计单位记录的存货确实存在、归被审计单位所有及被审计单位拥有全部存货。存货监盘作为一项核心的审计程序,通常可以同时实现上述多项审计目标。实施存货监盘程序包括:

① 观察程序。在被审计单位盘点存货前,审计人员应当观察盘点现场,确定应纳入盘

点范围的存货是否已经适当整理和排列,防止遗漏或重复盘点。所有权不属于被审计单位的存货不能纳入盘点范围,对于受托存货,还应获得委托人的确认。

② 抽查程序。审计人员应根据被审计单位的盘点记录,选取抽查项目。

抽查方法通常有两种:一是从存货盘点记录中选取项目,追查至存货实物,以测试存货盘点记录的准确性(存在);二是从存货实物中选取项目,追查至存货盘点记录,以测试存货盘点记录的实物的完整性。

(4) 实施存货计价测试。监盘程序只能对存货的结存数量予以确认,为验证会计报表上存货余额的真实性,还必须对存货的计价进行审计,一般采用抽样测试。

① 样本的选择。选择样本时应着重选择余额较大且价格变化比较频繁的项目,同时考虑所选样本的代表性。抽样方法一般采用分类抽样法,将需要审查的全部个体按某种标志进行分组,每组称为一类,然后在每一类中按不同要求,用简单随机抽样方法或机械随机抽样方法抽取样本。

② 计价方法的确认。存货的计价方法包括存货收入的计价方法和存货发出的计价方法。存货收入的计价方法一般采用历史成本法。被审计单位存货的入账价值应符合规定。审计人员除了要了解被审计单位采用了哪种计价方法外,还应关注其计价方法是否符合一贯性原则。

③ 计价测试。计价测试包括存货入账价值的构成和发出存货计价方法两个方面。审计人员应从这两个方面对所选取的每一个样本进行测试,并填制"存货计价方法检查表"。测试结果,如果未发现差异或差异很小,则可以确认被审计单位存货余额是真实的;如果发现差异且差异较大,应扩大测试范围,并根据测试结果做审计调整。

(5) 存货截止测试。存货截止测试就是检查截至 12 月 31 日,购入的存货及其对应的会计科目是否一并包含在当年的会计报表内。

(6) 验明存货在资产负债表上的披露是否恰当。

任务实施

表 5.1-10　　　　　　　　　　　　存货审定表　　　　　　　　　　　　单位:元

被审计单位:_____　　　　　索引号:_____
项目:_____　　　　　　　财务报表截止日/期间:_____
编制:_____　　　　　　　复核:_____
日期:_____　　　　　　　日期:_____

存货项目	期末未审数	账项调整		重分类调整		期末审定数	上期末审定数
		借方	贷方	借方	贷方		
一、存货账面余额							
在途物资							
原材料							

续表

存货项目	期末未审数	账项调整		重分类调整		期末审定数	上期末审定数
		借方	贷方	借方	贷方		
库存商品							
周转材料							
合计							

审计说明:

表 5.1-11　　　　　　　　　　　存货抽盘表　　　　　　　　　　金额单位:元

被审计单位:_____　　索引号:_____
项目:_____　　财务报表截止日/期间:_____
编制:_____　　复核:_____
日期:_____　　日期:_____

品名及规格	计量单位	抽盘日实存数量	加:资产负债表日至抽盘日发出数量	减:资产负债表日至抽盘日入库数量	资产负债表日实存数量	资产负债表日账存数量	资产负债表日账存金额	差异	原因分析
原材料 A	吨								
原材料 B	吨								
库存商品甲	件								
库存商品乙	件								
合计									

审计说明:

表 5.1-12 **存货计价测试表**

金额单位：元

被审计单位：	索引号：
项目：	财务报表截止日/期间：
编制：	复核：
日期：	日期：

品名及规格	年初结存			本年入库			本年发出			本年结存		
	数量	单价	金额	数量	单价	金额	数量	单价	金额	数量	单价	金额
原材料 A/吨												
原材料 B/吨												
库存商品甲/件												
库存商品乙/件												
合计			略			略			略			略

审计说明：

注：保留两位小数。

任务二 非流动资产审计

任务描述

非流动性资产是指不能在1年或者超过1年的一个营业周期内变现或者耗用的资产。非流动资产是指流动资产以外的资产,主要包括持有至到期投资、长期应收款、长期股权投资、工程物资、投资性房地产、固定资产、在建工程、无形资产、长期待摊费用等。其中,固定资产审计是对固定资产购建、使用、折旧、实有数、调拨、报废、清理的审计。无形资产审计主要审查无形资产是否存在、有无虚构,购入是否合法,入账价值是否正确,是否按照国家法规及合同协议或已批复的企业申请书的规定期限及有效使用年限分期摊销,摊销数额的计算是否正确;审查无形资产的转让是否合规,注意转让或出售作价是否合理,其收入是否及时入账,账务处理是否正确。注意以无形资产作价对外投资,其作价是否经过具有评估资格的评估机构评估。

一、固定资产审计

固定资产审计是对固定资产购建、使用、折旧、实有数、调拨、报废、清理的审计。其主要内容包括:① 核查固定资产购建的合理性和合法性,投资的资金来源,以及可行性和经济效益。② 核查固定资产购建的实际成本和现值,确定固定资产实际成本的准确性。③ 查证固定资产购建和使用的实际效能,检查购建的固定资产实际生产能力和利用情况。④ 查证固定资产折旧和折旧基金计提的准确性。⑤ 查证固定资产的实有数和所有权。⑥ 查证固定资产出售、转让、报废的准确性,查明固定资产变价收入和清理费用支出的合规性。⑦ 调查和评价固定资产内部控制制度是否健全、有效。

案例导入

资料:

1. 智凯公司2023年度固定资产及累计折旧明细账资料如表5.2-1所示。

表5.2-1　　　　　　　　　　固定资产及累计折旧明细账　　　　　　　　　　单位:元

固定资产类别	年初余额	借方发生额	贷方发生额	年末余额
一、账面价值				
房屋建筑物	30 000 000.00			30 000 000.00
机器设备	15 000 000.00	6 000 000.00	1 000 000.00	20 000 000.00
运输工具	1 500 000.00	800 000.00		2 300 000.00
办公设备	3 500 000.00	1 200 000.00		4 700 000.00

续表

固定资产类别	年初余额	借方发生额	贷方发生额	年末余额
合计	50 000 000.00	8 000 000.00	1 000 000.00	57 000 000.00
二、累计折旧				
房屋建筑物	6 500 000.00		1 425 000.00	7 925 000.00
机器设备	3 500 000.00	950 000.00	1 358 875.00	3 908 875.00
运输工具	500 000.00		273 125.00	773 125.00
办公设备	1 500 000.00		893 000.00	2 393 000.00
合计	12 000 000.00	950 000.00	3 950 000.00	15 000 000.00

2. 2024年3月18日审计人员实地抽查了该公司的部分固定资产，其中：A厂房，账面原值5 000 000元，已投入使用4年，已提折旧950 000元；B厂房，账面原值3 000 000元，已投入使用5年，已提折旧712 500元；甲机器设备，账面原值500 000元，已投入使用2年，已提折旧95 000元；乙机器设备，账面原值600 000元，已投入使用3年，已提折旧171 000元。抽查盘点结果与账面反映的情况相符。

3. 审计人员还审查了一张记录本期固定资产增加情况的凭证，6月17日第20号凭证，内容为生产线改造工程完工交付生产车间使用，转作固定资产，金额为6 000 000元。记账凭证所附原始凭证均完整，账务处理正确，有授权批准。

4. 该公司房屋、建筑物按20年计提折旧，机器设备按10年计提折旧，运输工具按8年计提折旧，办公及其他设备按5年计提折旧。折旧方法采用平均年限法，各类固定资产按5%的预计净残值率计提折旧。

要求：根据上述资料填制固定资产及累计折旧审定表（表5.2-2）、固定资产抽查表（表5.2-3）、固定资产增加检查表（表5.2-4）。

任务准备

（一）审计目标

（1）确定固定资产是否存在。
（2）确定固定资产是否归被审计单位所有。
（3）确定固定资产及其累计折旧增减变动的记录是否完整。
（4）确定固定资产的计价和折旧政策是否恰当。
（5）确定固定资产及其累计折旧的年末余额是否正确。
（6）确定固定资产及其累计折旧在会计报表上的披露是否恰当。

（二）审计程序

（1）获取或编制固定资产及其累计折旧分类汇总表，复核加计数是否正确，明细账和总账的余额核对相符。
（2）检查本年度增加固定资产的计价是否正确，凭证手续是否齐全，对于已经交付使用但尚未办理竣工结算等手续的固定资产,检查其是否已暂估入账,并按规定计提折旧,检查资本性支出与收益性支出的划分是否恰当。

(3) 实地抽查部分新增固定资产,确定其是否实际存在。一般要求被审计单位提供固定资产明细表,然后进行抽查。实地观察固定资产时,审计人员可以以固定资产明细账(表)为起点进行实地追查,以证明会计记录中所列固定资产确实存在,并了解其目前的使用状况;也可以以实地为起点,追查至固定资产明细账,以证明实际存在的固定资产均已入账。

(4) 抽查有关所有权文件,确定固定资产是否归被审计单位所有。对于外购的机器设备,通常经审核采购发票、购货合同予以确定;对于房屋、建筑物类固定资产,可以通过查阅有关的合同、产权证明、财产税单等文件确认;对于融资租入的固定资产,应验证有关融资租赁合同;对于汽车等运输设备,应验证有关运营证件;等等。

(5) 检查本年度减少的固定资产是否经授权批准,是否正确及时入账。固定资产减少主要包括出售、向其他单位投资转出、向债权人抵债转出、报废、毁损等。有的被审计单位在全面清查固定资产时,常常会出现固定资产账存实亡现象,这可能是固定资产管理或使用部门不了解报废固定资产与会计核算间的关系,擅自报废固定资产而未及时通知财务部门做相应的会计核算导致的,这样势必造成会计报表反映失真。审计固定资产减少的主要目的就在于查明对业已减少的固定资产是否已做适当的会计处理。

(6) 检查固定资产的租赁。固定资产租赁一般分为经营租赁和融资租赁两种。融资租赁是指实质上转移了与资产所有权有关的全部风险和报酬的租赁。经营租赁是指除融资租赁以外的其他租赁,主要是为了满足企业生产经营中临时短期需要而进行的资产租赁。检查经营租赁时,应查明:

① 是否签订了租赁合同,是否经相关管理部门审批。
② 租入的固定资产是否属企业必需的,租出的固定资产是否属企业闲置不用的。
③ 租金的收取是否符合合同规定,是否存在不正当交易。
④ 租入的固定资产有无久占不用、浪费损坏等现象,租出的固定资产有无长期不收租金、无人过问等情况。
⑤ 租入固定资产改良支出的核算是否符合规定。

(7) 检查固定资产的折旧。
① 检查固定资产折旧的范围是否符合规定。
② 检查固定资产折旧政策是否符合规定,折旧额的计算是否正确。折旧政策包括折旧的计算方法、折旧年限的确定、预计残值年的确定。

(8) 验明固定资产及累计折旧是否已在资产负债表上恰当披露。

任务实施

表 5.2-2 固定资产及累计折旧审定表 单位：元

被审计单位：_____ 索引号：_____
项目：_____ 财务报表截止日/期间：_____
编制：_____ 复核：_____
日期：_____ 日期：_____

项目名称	期初余额	本期增加	本期减少	期末余额	调整数	审定数
一、固定资产原值						
房屋建筑物						
机器设备						
运输工具						
办公设备						
合计						
二、累计折旧						
房屋建筑物						
机器设备						
运输工具						
办公设备						
合计						
三、固定资产净值						
房屋建筑物						
机器设备						
运输工具						
办公设备						
合计						

审计说明：

表 5.2-3　　　　　　　　　　　　　固定资产抽查表　　　　　　　　　　金额单位：元

被审计单位：_____　　索引号：_____
项目：_____　　财务报表截止日/期间：_____
编制：_____　　复核：_____
日期：_____　　日期：_____

固定资产名称	账面数额				盘点核实			
	数量	原值	已提折旧	净值	数量	原值	已提折旧	净值
A 厂房								
B 厂房								
甲机器设备								
乙机器设备								

审计说明：

表 5.2-4　　　　　　　　　　　　　固定资产增加检查表　　　　　　　　　金额单位：元

被审计单位：_____　　索引号：_____
项目：_____　　财务报表截止日/期间：_____
编制：_____　　复核：_____
日期：_____　　日期：_____

固定资产名称	取得日期	取得方式	固定资产类别	增加情况		凭证号	核对内容(用"√""×"表示)							
				数量	原价		1	2	3	4	5	6	7	8
生产线														
合计														

核对内容说明：1. 审批手续是否齐全；2. 与在建工程转出数核对是否一致；3. 会计处理是否正确（入账日期和入账金额）；4. ……

审计说明：

二、无形资产审计

无形资产审计属于经济效益审计的范畴,目的是促进企业加强对无形资产的开发与管理、提升企业竞争力、提高企业经济效益,同时对促进企业提高对无形资产重要性的认识及管理机制的形成具有长远的战略意义。

审计人员在对新兴公司 2024 年度会计报表进行审计时,了解到该公司 2024 年 3 月 1 日购买了某项专有技术,支付价款 240 万元,根据相关法律规定,该项无形资产的有效使用年限为 10 年。2024 年 12 月 31 日,新兴公司与转让该技术的单位发生合同纠纷,专有技术的使用范围也因受到一定的限制而可能造成减值。审计人员在审计中未发现新兴公司进行账务处理。

(一)审计目标

(1)确定无形资产是否存在。
(2)确定无形资产是否归被审计单位所有。
(3)确定无形资产增减变动及其摊销的记录是否完整。
(4)确定无形资产的摊销政策是否恰当。
(5)确定无形资产的年末余额是否正确。
(6)确定无形资产在会计报表上的披露是否恰当。

(二)审计程序

(1)获取或编制无形资产明细表,复核加计数是否准确,并与明细账和总账余额核对相符。
(2)获取有关文件、资料,检查无形资产的构成内容和计价依据。
(3)检查以接受投资或购入方式取得的无形资产的价值是否分别与验资报告及资产结果确认书或合同协议等证明文件一致;检查取得无形资产的法律程序是否完备。
(4)检查无形资产的摊销方法,复核无形资产摊销的计算及其会计处理是否正确。
(5)验明无形资产是否已在资产负债表上恰当披露。

无形资产的成本,应自取得当月起在预计使用年限内分期平均摊销。如果预计使用年限超过了相关合同规定的受益年限或法律规定的有效年限,该无形资产的摊销年限按如下原则确定:合同规定了受益年限但法律没有规定有效年限的,摊销年限不应超过受益年限;合同没有规定受益年限但法律规定了有效年限的,摊销年限不应超过有效年限;合同规定了受益年限且法律也规定了有效年限的,摊销年限不应超过受益年限和有效年限二者之中较短者。如果合同没有规定受益年限,法律也没有规定有效年限,摊销年限不应超过 10 年。

无形资产应当按照账面价值与可收回金额孰低计量,对于可收回金额低于账面价值的差额,应当计提无形资产减值准备。

问题:针对案例导入资料,审计人员应如何处理?

项目六

负债审计与所有者权益审计

 项目描述

与资产审计相比,负债审计侧重于防止低估或漏列负债,这是因为低估负债通常与企业成本费用的虚减和低估相伴,可以达到虚增或高估净收益、粉饰会计报表的目的。低估负债不但会影响企业的财务状况,还会影响企业的财务成果。因此,负债审计的重点在于确定被审计单位是否低估负债,即负债的完整性。所有者权益是指所有者在企业资产中享有的经济利益,其金额为资产减去负债后的余额,所有者权益包括实收资本(股本)、资本公积、盈余公积、未分配利润等。由于所有者权益具有金额较大、增减变动较少等特点,一般需要进行详细审计。

本项目通过案例分析,逐步探索负债和所有者权益审计的基本知识、方法及业务分析,重点介绍流动负债、非流动负债、所有者权益审计的程序、内容和方法及工作底稿的编制。

 学习目标

1. 理解负债各项目的审计目标
2. 熟悉负债各项目的审计程序
3. 掌握负债各项目审定表、检查表等审计工作底稿的编制方法
4. 理解所有者权益各项目的审计目标
5. 熟悉所有者权益各项目的审计程序
6. 掌握所有者权益各项目审计工作底稿的编制方法

项目六 负债审计与所有者权益审计

项目结构(图 6-1)

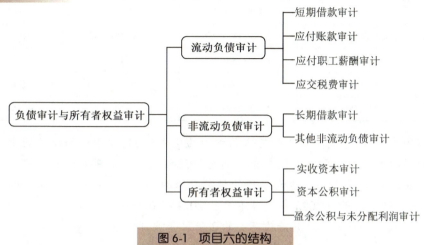

图 6-1 项目六的结构

任务一 流动负债审计

任务描述

流动负债是指将在 1 年内或超过 1 年的一个营业周期内偿还的债务,包括短期借款、交易性金融负债、应付票据、应付账款、预收账款、应付职工薪酬、应交税费、应付利息、应付股利、其他应付款等。流动负债审计即是对这类债务的审查。流动负债审计的总目标是确认企业会计报表所反映的内容的合法性、合理性和会计处理方法的一致性。

一、短期借款审计

短期借款核算企业向银行或其他金融机构等借入的期限在 1 年以下(含 1 年)的各种借款。短期借款审计主要用于审查短期借款期末余额的真实性、短期借款偿还的及时性及其过程的合规性、被审计单位短期借款入账的完整性、被审计单位短期借款利息计算及其账务处理的准确性。通过有序开展短期借款审计工作,有利于正确处理被审计单位与短期借款发放机构之间的关系,同时确保被审计单位短期借款信息的真实性和可靠性。

案例导入

资料:审计人员于 2024 年 3 月 18 日开展对智凯公司 2023 年度资产负债表的审计,该公司 2023 年度短期借款明细资料如表 6.1-1 所示。

097

表 6.1-1		短期借款明细资料		单位：元
贷款银行	年初余额	借方发生额	贷方发生额	年末余额
工商银行	4 500 000.00	2 500 000.00	3 000 000.00	5 000 000.00
建设银行	2 100 000.00	1 600 000.00	2 000 000.00	2 500 000.00
兴业银行	500 000.00	400 000.00	500 000.00	600 000.00
合计	7 100 000.00	4 500 000.00	5 500 000.00	8 100 000.00

（1）经审查借款合同，工商银行的借款利率为 2.13%，建设银行的借款利率为 2.32%，兴业银行的借款利率为 2.56%。借款条件均为信用借款。工商银行的借款期限为 2023 年 4 月 1 日至 2024 年 3 月 31 日，建设银行的借款期限为 2023 年 6 月 1 日至 2024 年 5 月 31 日，兴业银行的借款期限为 2023 年 7 月 1 日至 2024 年 6 月 30 日。

（2）审计人员抽查了与短期借款有关的 2 张记账凭证：一是 2023 年 3 月 27 日第 68 号凭证，用银行存款归还工商银行贷款 5 000 000 元；二是 2023 年 4 月 3 日第 5 号凭证，从工商银行取得 1 年期借款 2 500 000 元。上述记账凭证所附原始凭证均完整，有授权批准，账务处理正确。同时，审计人员还复核了短期借款利息，与财务费用中列支的短期借款利息数额相符。

要求：根据上述资料填制"短期借款审定表"（表 6.1-2）和"短期借款检查表"（表 6.1-3）。

任务准备

（一）审计目标

（1）确定短期借款的借入、偿还及利息的记录是否完整。
（2）确定短期借款的年末余额是否正确。
（3）确定短期借款在会计报表上的披露是否充分。

表 6.1-2

短期借款审定表

被审计单位名称：

审计项目：　　　　　　　　　　　　　　　　　签名　　日期　　索引号　　页次

会计期间或截止日：　　　　　编制人

　　　　　　　　　　　　　　复核人

单位：元

索引	贷款单位	起讫日期	利率/%	借款条件	年初余额	本年增加	本年减少	年末余额	审计调整		审定数	备注
									借方	贷方		
	工商银行											
	建设银行											
	兴业银行											
	合计											

审计说明：

(二)审计程序

(1)获取或编制短期借款明细表,复核其加计数是否正确,并与明细账和总账余额核对相符。

(2)函证短期借款的实有数。审计人员应在期末余额较大或认为必要时向银行或其他债权人函证短期借款。

注意:函证银行借款一般不单独进行,审计实务中往往与函证银行存款同时进行。

(3)审查短期借款的增加。对于年度内增加的短期借款,应索取并检查借款合同及相关资料和授权批准,了解借款条件、借款日期、还款期限、借款利率,并与相关会计记录进行核对。

(4)审查短期借款的减少。检查相关会计记录和原始凭证,核实还款数额。

(5)检查有无到期未偿还的短期借款。检查逾期借款是否办理了延期手续。

(6)复核短期借款利息。如有未计利息或多计利息,应做出记录,必要时进行相应的调整。

(7)审查外币借款的折算。审查外币借款的增减变动是否按业务发生时的市场汇率或期初市场汇率折合为记账本位币;期末是否按市场汇率将外币借款余额折合为记账本位币;折算差额是否按规定进行会计处理。

(8)确定短期借款在资产负债表上的披露是否恰当。对于因抵押而取得的短期借款,应在资产负债表附注中予以揭示。

任务实施

表 6.1-3　　　　　　　　　　　　短期借款检查表

被审计单位名称:				签名	日期	索引号	页次
审计项目:				编制人			
会计期间或截止日:				复核人			

单位:元

日期	凭证编号	业务内容	对应科目	金额	核对内容					备注
					1	2	3	4	5	

核对内容说明: 1.原始凭证内容完整。 2.记账凭证同原始凭证一致。 3.有授权批准。 4.账务处理正确。 5.金额正确。	审计说明:

二、应付账款审计

应付账款是企业因购买商品、接受劳务而形成的债务,是评价企业短期偿债能力时必须考虑的一个重要因素,它与应付票据共同构成了企业主要的商业信用形式,成为企业重要的资金来源渠道之一。应付账款审计是组织内部审计机构和人员以被审计单位涉及应付账款的项目及活动为对象所开展的独立监督和评价活动。开展应付账款审计的目标在于确定期末应付账款是否存在、期末应付账款是否为被审计单位应履行的偿还义务、应付账款的发生及偿还记录是否完整、应付账款的期末余额是否正确,以及应付账款的披露是否恰当。通过有序开展应付账款审计工作,有利于促进被审计单位应付账款管理系统的完善,从而确保被审计单位应付账款信息的真实性和可靠性。

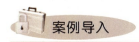

资料:

1. 审计人员于2024年3月15日开展对智凯公司2023年度资产负债表的审计,该公司2023年度应付账款明细资料如表6.1-4所示。

表6.1-4　　　　　　　　　　应付账款明细资料　　　　　　　　　　单位:元

供应单位	年初余额		年末余额	
	方向	金额	方向	金额
江苏公司	贷	210 000.00	贷	200 000.00
浙江公司	贷	370 000.00	贷	350 000.00
江西公司	借	260 000.00	借	280 000.00
福建公司	贷	400 000.00	贷	350 000.00
深圳公司	贷	160 000.00	贷	110 000.00
上海公司	贷	391 000.00	贷	310 000.00
北京公司	贷	278 000.00	贷	355 200.00
四川公司	贷	980 000.00	借	750 000.00
贵州公司	贷	497 000.00	贷	430 000.00
云南公司	贷	95 000.00	贷	65 000.00

2. 审计人员抽查凭证情况。

(1) 10月25日第54号凭证记载:

借:原材料　　　　　　　　　　　　　　　　　　　　　　　　　320 000
　　应交税费——应交增值税(进项税额)　　　　　　　　　　　　35 200
　　贷:应付账款——北京公司　　　　　　　　　　　　　　　　355 200

该凭证后附有购货专用发票、材料入库单、购货合同等原始凭证。且内容完整,有授权审批、账务处理正确。

(2) 12月27日第71号凭证记载:

借：银行存款 75 000
  贷：应付账款——浙江公司 75 000

该凭证摘要栏注明"收往来款",经审查,该笔业务实为收到销售货款。该批产品的销售成本为45 000元。

2. 经审查江苏公司12月份材料入库单,发现有估计金额为250 000元的原材料未收到发票,也未支付货款,年末未做估价入账。

3. 审查应付票据时,发现应付云南公司商业承兑汇票160 000元,到期日为2023年12月25日,因到期日无力支付票款,报表日也未做转账处理。

要求： 根据上述资料编制"应付账款审定表"(表6.1-5)和"应付账款检查表"(表6.1-6)。

任务准备

（一）审计目标

(1) 确定应付账款的发生及偿还记录是否完整。
(2) 确定应付账款的年末余额是否正确。
(3) 确定应付账款在会计报表上的披露是否充分。

（二）审计程序

(1) 获取或编制应付账款明细表,复核其加计数是否正确,并与明细账和总账余额核对相符。

(2) 选择应付账款重要项目(包括零账户),函证其余额是否正确。

由于被审计单位作弊一般是高估资产、低估负债,因此应付账款一般情况下不需要函证。因为函证不能保证查出未记录的应付账款。况且审计人员能够取得购货发票等来证实应付账款的真实性。

应付账款的函证一般采用积极函证方式。在函证对象选择上一般应选择较大金额的债权人,以及那些在资产负债表日金额不大甚至为零,但为企业重要供货人的债权人。

(3) 对于未回函的重大项目,采用替代审计程序,确定其是否真实。检查决算日后应付账款明细账及银行存款日记账,核实其是否已支付,检查该笔债务相关凭证资料,核实交易事项的真实性。

(4) 检查是否存在未入账的应付账款。

检查被审计单位在资产负债表日未处理的不相符的购货发票及有材料入库凭证但未收到购货发票的经济业务。例如,检查月末货到单未到的货物是否估价入账。

检查资产负债表日后收到的购货发票,确定其入账时间是否正确。如购货发票的日期为资产负债表日及以前日期,则该项购货所形成的负债应包括在当期资产负债表内。

检查资产负债表日后应付账款明细账贷方发生额的相应凭证,确定其入账时间是否正确。

(5) 检查应付账款是否存在借方余额,决定是否进行重分类。

如果应付账款明细账出现借方余额,且金额较大,审计人员应要求被审计单位做重分类调整。

（6）检查应付账款长期挂账的原因，必要时予以调整。

（7）关注是否存在应付关联方账款。若有，应通过了解关联交易事项的目的、价格和条件，检查采购合同等方法来确认该应付账款的合法性和合理性；通过向关联方或其他注册会计师查询、函证等方法来确认该应付账款的真实性。

（8）检查非记账本位币折合记账本位币采用的折算汇率。

（9）验明应付账款是否已在资产负债表中充分披露。

任务实施

表 6.1-5　　　　　　　　　　　　　应付账款审定表

被审计单位名称：			签名	日期	索引号	页次
审计项目：		编制人				
会计期间或截止日：		复核人				

单位：元

序号	债权人名称	年初余额	年末余额	账项调整	重分类	审定数
	江苏公司					
	浙江公司					
	江西公司					
	福建公司					
	深圳公司					
	上海公司					
	北京公司					
	四川公司					
	贵州公司					
	云南公司					
	合计					

审计说明：

任务实施

表 6.1-6　　　　　　　　　　　应付账款检查表

被审计单位名称:					签名	日期	索引号	页次
审计项目:					编制人			
会计期间或截止日:					复核人			

单位:元

| 日期 | 凭证编号 | 业务内容 | 对应科目 | 金额 | 核对内容 ||||| 备注 |
					1	2	3	4	5	

核对内容说明:
1. 原始凭证内容完整
2. 有授权批准
3. 账务处理正确
4. 记账凭证同原始凭证一致

审计说明:

三、应付职工薪酬审计

应付职工薪酬是指企业根据有关规定应付给职工的各种薪酬,包括职工工资、奖金、津贴和补贴,职工福利费,医疗、养老、失业、工伤、生育等社会保险费,住房公积金,工会经费,职工教育经费,非货币性福利等因职工提供服务而产生的义务。应付职工薪酬审计是对涉及应付职工薪酬项目进行审计,如应付职工薪酬与其他业务发生错误或舞弊行为(虚报冒领、重复支付和贪污等)。同时,职工薪酬有时是构成企业成本费用的重要项目,所以在审计中便显得十分重要。

案例导入

1. 智凯有限公司 2023 年职工人数为 150 人,其中福利部门 4 人,在建工程人员 6 人。职工福利费按照工资总额的 14% 计提,工会经费按照工资总额的 2% 计提,职工教育经费按工资总额的 1.5% 计提。该应付职工薪酬明细资料如表 6.1-7 所示。

表 6.1-7　　　　　　　　　　　应付职工薪酬明细资料　　　　　　　　　　　单位：元

项目	年初余额	借方发生	贷方发生	年末余额
工资、奖金		7 120 000.00	7 120 000.00	
职工福利费	310 700.00	286 000.00	996 800.00	1 021 500.00
社会保险费	512 200.00	841 000.00	541 000.00	212 200.00
住房公积金	465 200.00	744 100.00	854 400.00	575 500.00
工会经费	178 000.00	220 000.00	142 400.00	100 400.00
职工教育经费	84 100.00	70 000.00	106 800.00	120 900.00
合计	1 550 200.00	9 281 100.00	9 761 400.00	2 030 500.00

2. 2023 年度工资及福利费计入有关成本费用的情况如表 6.1-8 所示。

表 6.1-8　　　　　　　　　　　成本费用中的工资及福利费　　　　　　　　　　　单位：元

账户	工资	福利费
生产成本	4 840 000.00	677 600.00
制造费用	1 105 000.00	154 700.00
管理费用	900 750.00	126 105.00
销售费用	210 000.00	29 400.00
应付职工薪酬	64 250.00	8 995.00
合计	7 120 000.00	996 800.00

3. 在建工程人员共计 6 人，应分配的工资总额为 247 000 元，该部分人员工资及其福利费全部计入管理费用。

要求：根据上述资料填制"应付职工薪酬审定表"（表 6.1-9）。

任务准备

（一）审计目标

（1）确定资产负债表中记录的应付职工薪酬是否存在。
（2）确定记录的应付职工薪酬是否为被审计单位应当履行的现时义务。
（3）确定应付职工薪酬的计提和支出的记录是否完整，计提依据是否合理。
（4）确定应付职工薪酬的年末余额是否正确。
（5）确定应付职工薪酬在会计报表上的披露是否恰当。

(二) 审计程序

（1）获取或编制应付职工薪酬明细表,复核加计是否正确,并与报表数、总账数及明细账合计数核对相符。

（2）对本期工资费用的发生情况进行分析性复核,检查各月工资费用的发生额是否有异常波动,若有,则要求被审计单位予以解释;将本年工资费用总额与上年进行比较,要求被审计单位解释其增减变动的原因,或取得公司管理当局关于工资水平的决议。

（3）检查工资及福利费的计提是否正确,分配方法是否与上期一致,并将计提数与相关的成本、费用项目核对相符。

（4）检查工会经费、职工教育经费、社会保险费、住房公积金等费用的计提是否正确。

（5）如果被审计单位实行工效挂钩办法,应取得有关主管部门确认的效益工资发放额的认定证明（文件）,结合有关合同文件和实际完成的指标,检查其计提额是否正确。

（6）验明应付职工薪酬在资产负债表上的披露是否恰当。

任务实施

表 6.1-9　　　　　　　　　　应付职工薪酬审定表　　　　　　　　　　单位:元

被审计单位:			签名	日期	索引号	页次
审计项目:			编制人			
会计期间或截止日:			复核人			

单位:元

索引	项目	年初余额	本年计提	本年支出	年末余额	调整	审定数
	工资、奖金						
	职工福利费						
	社会保险费						
	住房公积金						
	工会经费						
	职工教育经费						
	合计						

一、应计入工资有关成本费的贷方发生数为:
1. 管理费用=
2. 销售费用=
3. 制造费用=
4. 生产成本=
5. 在建工程=
6. 应付职工薪酬=
7. 合计=

续表

二、应计入职工福利有关成本费用贷方发生数为:
1. 管理费用 =
2. 销售费用 =
3. 制造费用 =
4. 生产成本 =
5. 在建工程 =
6. 应付职工薪酬 =
7. 合计 =
审计说明:

四、应交税费审计

应交税费是指企业根据在一定时期内取得的营业收入、实现的利润等,按照现行税法规定,采用一定的计税方法计提的应缴纳的各种税费。

应交税费包括企业依法应缴纳的增值税、消费税、企业所得税、资源税、土地增值税、城市维护建设税、房产税、土地使用税、车船税、教育费附加、矿产资源补偿费等税费,以及在上缴国家之前,由企业代收代缴的个人所得税等。由于应交税费项目与国家的税法及税务机关的征管工作紧密相连,政策性、法律性较强,因此,审计人员对应交税费项目的审计更要慎重。

资料:智凯公司 2023 年度应交税费资料如表 6.1-10、表 6.1-11、表 6.1-12 所示。

1. 应交税费——应交增值税账面记录累计数如表 6.1-10 所示。

表 6.1-10　　　　　　　　　　应交税费——应交增值税　　　　　　　　　　单位:元

借方			贷方		
进项税额	已交税金	转出未交增值税	销项税额	进项税额转出	转出多交增值税
162 200.00		206 870.00	348 070.00	21 000.00	

2. 应交税费——未交增值税账面记录累计数如表 6.1-11 所示。

表 6.1-11　　　　　　　　　　应交税费——未交增值税　　　　　　　　　　单位:元

本年累计已交增值税	198 000.00	年初未交增值税	55 000.00
		本年转入未交增值税	206 870.00
		年末未交增值税	63 870.00

3. 抽查 10 月份 52 号记账凭证,发现该公司以自产产品作为职工福利分配给职工,其账务处理为:

借：应付职工薪酬——职工福利 26 120.00
　　贷：库存商品 26 120.00

经审查，该批产品销售价格为 32 000 元。

4. 应交税费账面记录累计数如表 6.1-12 所示。

表 6.1-12　　　　　　　　　　　应交税费　　　　　　　　　　　单位：元

项目	年初余额	借方发生额	贷方发生额	年末余额
增值税	55 000.00	198 000.00	206 870.00	63 870.00
城市维护建设税	12 000.00	78 000.00	84 520.00	18 520.00
教育费附加	9 800.00	32 120.00	40 200.00	17 880.00
企业所得税	587 700.00	941 200.00	1 100 020.00	746 520.00
个人所得税	287 742.00	415 880.00	152 120.00	23 982.00
房产税				
土地使用税				
车船税				
合计	952 242.00	1 665 200.00	1 583 730.00	870 772.00

5. 根据所得税费用审计结果，本年应纳税所得额调增 752 130.00 元，调增所得税额 188 032.50 元，其调整分录为：

借：所得税费用 188 032.50
　　贷：应交税费——应交所得税 188 032.50

6. 本年度营业收入为 8 450 000.00 元，其中：商品销售收入 5 400 000.00 元，运输收入 50 000.00 元，材料销售收入 3 000 000.00 元。

要求： 根据上述资料编制"应交税费——应交增值税审定表"（表 6.1-13）、"应交税费审定表"（表 6.1-14）和"应交税费计算检查表"（表 6.1-15）。

任务准备

（一）审计目标

(1) 确定资产负债表中记录的应交税费是否存在。
(2) 确定所有应当记录的应交税费均已记录。
(3) 确定记录的应交税费是被审计单位应当履行的偿还义务。
(4) 确定应交税费以恰当的金额包括在财务报表中，与之相关的计价调整已恰当记录。
(5) 确定应交税费是否已按照企业会计准则的规定在财务报表中做出恰当列报。

（二）审计程序

(1) 获取或编制应交税费明细表，复核其加计数是否正确，并与明细账和总账余额核对相符。

（2）查阅被审计单位纳税鉴定或纳税通知及征、免、减税的批准文件，了解被审计单位适用的税种、计税基础、税率，以及征、免、减税的范围与期限，确认其年度内应纳税项的内容。

（3）取得税务部门汇算清缴或其他确认文件、有关政府部门专项检查决定、税务代理机构专业报告、企业纳税申报有关资料等，分析其有效性，并与应交税费账面数进行核对。

（4）检查增值税的计算是否正确。

增值税是以商品和劳务在流转过程中产生的增值额为征税对象征收的一种流转税。按照我国增值税法的规定，增值税是对在我国境内销售货物或提供加工、修理修配劳务和销售服务，以及销售无形资产、不动产及进口货物的单位和个人，就其销售货物、劳务、服务、无形资产、不动产的增值额和货物进口金额为计税依据而课征的一种流转税。

一般纳税人应交增值税的计算方法是：

应交增值税＝本期销项税额＋出口退税＋本期进项税额转出－本期进项税额－
　　　　年初未抵扣税额－已交税金－减免税款－出口抵减内销产品应纳税额

① 根据与增值税销项税额相关账户审定的有关数据，复核国内采购货物、进口货物、购进的免税农产品、接受投资或捐赠货物、接受应税劳务等应计的进项税额是否按规定进行了会计处理。

② 根据与增值税销项税额相关账户审定的有关数据，复核存货销售，将存货用于投资、无偿赠送他人、分配给股东应计的销项税额，以及将自产、委托加工的产品用于非应税项目应计的销项税额是否正确计算，是否按规定进行了会计处理。

③ 根据与增值税进项税额转出相关账户审定的有关数据，复核因存货改变用途或发生非常损失应计的进项税额转出数是否正确计算，是否按规定进行了会计处理；检查出口货物退税的计算是否正确，是否按规定进行了会计处理。

（5）检查消费税的计算是否正确，是否按规定进行了会计处理。

结合主营业务税金及附加等项目，根据审定的应税消费品的销售额或数量，检查消费税的计税依据是否正确，适用税率或单位税额是否符合税法规定，是否按规定进行了会计处理；抽查本期已交消费税的原始凭证，确定已交数的正确性。

（6）检查资源税的计算是否正确。

（7）检查土地增值税的计算是否正确。

（8）检查城市维护建设税的计算是否正确，是否按规定进行了会计处理。

结合主营业务税金及附加和其他业务利润等项目的审计，根据审定的计税基础和适用税率，复核被审计单位本期应交城市维护建设税税额。

（9）检查企业所得税。确定应纳税所得额及企业所得税税率，复核应纳所得税额的计算是否正确，是否按规定进行了会计处理。

（10）检查其他税费的计算是否正确，是否按规定进行了会计处理。

（11）验明应交税费是否已在资产负债表上充分披露。

任务实施

表 6.1-13   应交税费——应交增值税审定表

被审计单位名称:		签名	日期	索引号	页次
审计项目:		编制人			
会计期间或截止日:		复核人			

单位：元

项目	未审数	调整数	审定数	备注
一、应交增值税				
1. 年初未抵扣数				
2. 销项税额				
出口退税				
进项税额转出				
转出多交增值税				
3. 进项税额				
已交税金				
减免税额				
出口抵减内销产品应纳税额				
转出未交增值税				
4. 期末抵扣数				
二、未交增值税				
1. 年初未交数（多交数以"-"号填列）				
2. 本期转入数（多交数以"-"号填列）				
3. 本期已交数				
4. 期末未交数（多交数以"-"号填列）				

审计说明：

审计结论：

表 6.1-14　　　　　　　　　　　应交税费审定表

被审计单位名称：			签名	日期	索引号	页次
审计项目：			编制人			
会计期间或截止日：			复核人			

单位：元

税费种类	年初余额	本年应交	本年已交	年末余额	调整	审定数
增值税						
企业所得税						
城建税						
教育费附加						
个人所得税						
合计						

审计说明：

审计结论：

表 6.1-15

应交税费——应交增值税计算检查表

被审计单位名称：　　　　　　　　　　　　　　　　　　签名　　日期　　索引号　　页次
审计项目：　　　　　　　　　　编制人
会计期间或截止日：　　　　　　复核人

单位：元

收入类别	金额	销项税额	上期留抵税额	进项税额	进项税额转出	应抵扣税额	实际抵扣税额	期末留抵税额	应交增值税	应交城市维护建设税	应交教育费附加
1	2	3=2×11%	4	5	6	7=4+5-6	8	9=7-8	10=3-8	11=10×7%	12=10×3%
主营业务收入											
合计											

审计说明：

任务二 非流动负债审计

任务描述

非流动负债是指偿还期在 1 年以上或超过 1 年的一个正常营业周期的各种负债。非流动负债的主要内容有长期借款、应付债券、长期应付款、预计负债等。

一、长期借款审计

长期借款是指企业向银行或其他金融机构借入的期限在 1 年以上（不含 1 年）的各项借款。一般用于固定资产的购建、改扩建工程，大修理工程，对外投资，以及保持长期经营能力等方面。长期借款的借贷双方会订立契约，规定借款的数额、利率、用途、偿还期限、偿还方式、违约责任等，其金额一般较大，且多附抵押条件、担保要求。因此，审计人员可以通过审阅契约及协议、核对账簿和凭证来对长期借款进行审计。

资料：

1. 智凯公司 2023 年年末长期借款余额为 7 000 000 元，其中：从建设银行借款 4 000 000 元，借期 3 年（2022 年 7 月 1 日至 2025 年 6 月 30 日），年利率 4.5%，用厂房做抵押；从工商银行借款 3 000 000 元，借期 2 年（2023 年 9 月 1 日至 2025 年 8 月 31 日），年利率 4.12%，借款条件为该公司的投资单位××公司提供担保。借款的用途均为生产资金周转。

2. 审计人员经抽查"应付利息""在建工程""财务费用"等账户记录，确认该公司 2023 年度应计长期借款利息与实际计提长期借款利息相符，账务处理正确。

要求： 根据上述资料编制"长期借款审定表"（表 6.2-1）和"长期借款利息测算表"（表 6.2-2）。

任务准备

（一）审计目标

（1）确定长期借款借入、偿还及计息的记录是否完整。
（2）确定长期借款的年末余额是否正确。
（3）确定长期借款在会计报表上的披露是否充分。

（二）审计程序

（1）获取或编制长期借款明细表，复核其加计数是否正确，并与报表数、总账数和明细账合计数核对相符。

（2）对于年度内增加的长期借款，应检查借款合同和授权批准，了解借款数额、借款条件、借款日期、还款期限、借款利率，并与相关会计记录相核对。

（3）检查长期借款的使用是否符合借款合同的规定，重点检查长期借款使用的合理性。

（4）函证重大的长期借款。（与银行存款的函证同时进行）

（5）对于年度内减少的长期借款，应检查相关记录和原始凭证，核实还款数。

（6）检查有无到期未偿还的长期借款，逾期借款是否办理延期手续，分析计算逾期借款的金额、比率和期限，判断被审计单位的资信状况和偿债能力。

（7）检查一年内到期的长期借款是否已转列为流动负债。

（8）计算借款的平均余额，选取适用的利率计算利息支出总额，并与财务费用的记录核对，判断被审计单位是否高估或低估利息支出，必要时进行适当的调整。

（9）检查外币借款的折算。

（10）检查借款费用的处理是否正确。对于与购建固定资产有关的借款费用，在固定资产达到预定可使用状态前发生的，计入有关固定资产的购建成本；在固定资产达到预定可使用状态后发生的，直接计入当期损益（财务费用）。对于与固定资产无关的借款费用，在筹建期间发生的，计入管理费用；在清算期间发生的，计入清算损益。

（11）检查抵押借款的抵押资产的所有权是否属于被审计单位，其价值和实际状况是否与抵押契约中的规定相一致。

（12）检查重大的资产租赁合同，判断被审计单位是否存在表外融资的现象。

（13）确定长期借款是否已在资产负债表上充分披露。注意一年内到期的长期借款是否转列为流动负债；有抵押或担保的借款是否在会计报表附注中做了充分的说明。

任务实施

表 6.2-1

长期借款审定表

被审计单位名称：
审计项目：
会计期间或截止日：

				编制人	签名	日期	索引号	页次
				复核人				

单位：元

贷款单位	年初余额	年利率/%	借款条件	起讫日期	本年增加	本年减少	年末余额	审计调整		审定数	备注
								借方	贷方		
合计											

审计说明：

审计结论：

表 6.2-2　　　　　　　　　　　　长期借款利息测算表

被审计单位名称：　　　　　　　　　　　　　　　　　　　　　编制人　　签名　　日期　　索引号　　页次
审计项目：　　　　　　　　　　　　　　　　　　　　　　　　　复核人
会计期间或截止日：　　　　　　　　　　　　　　　　　　　　　　　　　　　　　　　　　　　　　　单位：元

贷款单位	贷款期限	贷款用途	贷款起止时间	本期应计息天数	年利率/%	本金	本期应计利息	本期实际利息			差异
								财务费用	在建工程	小计	

核对内容说明：

审计说明：

二、其他非流动负债审计

其他非流动负债包括应付债券和长期应付款。应付债券是指企业为筹集资金而对外发行的期限在1年以上的长期借款性质的书面证明,约定在一定期限内还本付息的一种书面承诺。长期应付款是指对其他单位发生的付款期限在1年以上的长期负债,包括采用分期付款方式购入固定资产和无形资产发生的应付账款、应付融资租入固定资产租赁费等。

任务准备

(一)审计目标

(1)确定应付债券发行、偿还及计息的记录是否完整。
(2)确定应付债券的年末余额是否正确。
(3)确定应付债券在会计报表上的披露是否充分。
(4)确定长期应付款的发生、偿还及计息的记录是否完整。
(5)确定长期应付款的年末余额是否正确。
(6)确定长期应付款在会计报表上的披露是否充分。

(二)审计程序

(1)获取或编制应付债券明细表,列示债券面值、票面利率、债券溢价或折价金额、本年度增减变动情况,并与明细账和总账余额核对相符。
(2)审阅债券发行的授权批准手续是否齐全,并做出必要记录。
(3)检查应计利息的计算是否准确,会计处理及利息资本化是否正确。
(4)检查溢价或折价的摊销额的计算是否准确,会计处理是否正确。
(5)检查对到期债券偿还的会计处理是否正确。
(6)检查一年内到期的应付债券是否转列为流动负债。
(7)验明应付债券是否已在资产负债表上充分披露。
(8)获取或编制长期应付款明细表,复核其加计数是否正确,并与报表数、总账数和明细账合计数核对相符;检查长期应付款的内容是否符合企业会计准则的规定。
(9)检查各项长期应付款相关的契约,有无抵押情况。对于融资租赁固定资产应付款,还应审阅融资租赁合同约定的付款条件是否履行,检查授权批准手续是否齐全,并做适当记录。
(10)向债权人函证重大的长期应付款。
(11)检查各项长期应付款本息的计算是否准确,会计处理是否正确。
(12)检查长期应付款有关的汇兑损益是否按规定进行了会计处理。
(13)检查长期应付款的披露是否恰当,注意1年内到期的长期应付款应列入流动负债。

任务三　所有者权益审计

任务描述

所有者权益审计是对企业投资者所拥有的企业净资产要求权的审计,包括对企业实收资本、资本公积、盈余公积、未分配利润进行的审计。所有者权益是资产扣除负债后由所有者享有的剩余权益,即一个会计主体在一定时期所拥有或可控制的,具有未来经济利益资源的净额。

一、实收资本审计

实收资本审计主要是对资本金制度执行情况的审计。实收资本审计是企业所有者权益审计的组成部分,对明确企业投资人对企业净资产的所有权和企业的清算核查具有重要作用。

案例导入

资料:智凯公司2023年度股东出资明细资料如表6.3-1所示。

表6.3-1　　　　　　　　　股东出资明细资料　　　　　　　　　单位:元

股东名称	持股比例	股本	备注
A股东	25%	5 500 000.00	
B股东	25%	5 500 000.00	
C股东	25%	5 500 000.00	
D股东	25%	5 500 000.00	
合计	100%	22 000 000.00	

要求:根据上述资料填制"实收资本审定表"(表6.3-2)。

任务准备

(一)审计目标

(1)实收资本的增减变动是否符合法律、法规和合同、章程的规定,记录是否完整、正确,账务处理是否合规。

(2)确定实收资本的年末余额是否正确。

(3)确定实收资本在会计报表上的披露是否恰当。

（二）审计程序

（1）审阅被审计单位的合同、章程、营业执照及有关董事会会议记录。

（2）获取或编制实收资本明细表。

（3）审查出资期限和出资方式、出资数额和出资比例。审计人员应根据国家法律、行政法规、投资合同及协议、公司章程的规定对企业出资期限、出资方式、出资数额和出资比例进行审查，以判断其是否合规，其出资是否经中国注册会计师验证，如已验资，应查阅验资报告。

（4）审查投入资本的真实性及计价的正确性。

（5）审查实收资本的增减变动。企业实收资本一般没有变动，如有变动，一般为增资，减资的则少见。增资的要查看增资的验资报告，减资的也要查看减资的验资报告。

（6）验明实收资本是否已在资产负债表上恰当披露。

注意：实收资本审计应获取的关键资料是验资报告、公司章程、营业执照副本等复印件。

任务实施

表 6.3-2　　　　　　　　　　　实收资本审定表

被审计单位名称：			签名	日期	索引号	页次
审计项目：			编制人			
会计期间或截止日：			复核人			

单位：元

股东名称	币种	年初余额	本年增加	本年减少	年末余额	备注
	合计					
审计说明：						

二、资本公积审计

资本公积是企业收到投资者出资额超出其在注册资本（股本）中所占份额的部分，以及直接计入所有者权益的利得和损失等。资本公积包括资本溢价（股本溢价）和直接计入所有者权益的利得和损失等。资本公积审计是指对企业按规定取得的资本公积金（也称投资公积金）进行的审计。

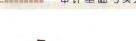

案例导入

资料：智凯公司 2023 年度资本公积明细资料如表 6.3-3 所示。

表 6.3-3　　　　　　　　　　　资本公积明细资料　　　　　　　　　　　单位：元

资本公积种类	年初余额	借方发生额	贷方发生额	年末余额
股本溢价	1 765 000.00			1 765 000.00

经审查智凯公司的公司章程、股东出资明细表、验资报告等资料与其总账、明细账相符，账务处理正确，本年度未发生资本公积增减变动，且在资产负债表上做了恰当的披露。

要求：根据上述资料编制"资本公积审定表"（表 6.3-4）。

任务准备

（一）审计目标

（1）确定资本公积的增减变动是否符合法律、法规和合同、章程的规定，记录是否完整。
（2）确定资本公积的年末余额是否正确。
（3）确定资本公积在会计报表上的披露是否恰当。

（二）审计程序

（1）获取或编制资本公积明细表。资本公积明细表包括资本公积的种类、金额、形成日期及原因等。
（2）审查资本公积形成的合法性。审计人员应首先审查资本公积形成的具体内容及相关依据，并查阅相关原始凭证和会计记录，以确定资本公积形成的合法性和正确性。
（3）审查资本公积使用的合法性。
（4）审查资本公积披露的恰当性。

任务实施

表 6.3-4　　　　　　　　　　　资本公积审定表

被审计单位名称：		签名	日期	索引号	页次
审计项目：		编制人			
会计期间或截止日：		复核人			

单位：元

项目	年初余额	本年增加	本年减少	年末余额	备注

续表

项目	年初余额	本年增加	本年减少	年末余额	备注

审计说明：

三、盈余公积与未分配利润审计

盈余公积是指企业按照规定从净利润中提取的企业积累资金。公司制企业的盈余公积包括法定盈余公积和任意盈余公积。《中华人民共和国公司法》规定，公司制企业应当按照净利润（减弥补以前年度亏损）的10%提取法定盈余公积。非公司制企业法定盈余公积的提取比例可超过净利润的10%。法定盈余公积累计额已达注册资本的50%时可以不再提取。公司制企业可根据股东会、股东大会的决议提取任意盈余公积。非公司制企业经类似权力机构批准，也可提取任意盈余公积。企业提取的盈余公积经批准可用于弥补亏损、转增资本、发放现金股利或利润等。盈余公积审计是审查企业净利润的分配是否符合规定的程序，分配的标准与数额是否真实、正确，从而证明投资者投入的资本金是否得到增值。

未分配利润是指企业实现的净利润经过弥补亏损、提取盈余公积和向投资者分配利润后留存在企业的历年结存的利润。

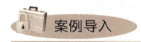

资料：智凯公司2023年度盈余公积、未分配利润明细资料如表6.3-5、表6.3-6所示。

表6.3-5　　　　　　　　　　盈余公积明细资料　　　　　　　　　　单位：元

项目	年初余额	借方发生额	贷方发生额	年末余额
法定盈余公积	2 600 000.00		2 600 000.00	5 200 000.00

表6.3-6　　　　　　　　　　未分配利润明细资料　　　　　　　　　　单位：元

项目	年初余额	本期增加	本期减少	年末余额
未分配利润	3 180 000.00	657 700.00	17 800.00	3 819 900.00

经审查智凯公司2023年度实现的净利润为26 178 000元，利润分配方案按10%的比例提取法定盈余公积，进一步审查记账凭证及所附利润分配计算原始单据发现提取法定盈余公积17 800元，与其明细账、总账、报表的数据相符，且在资产负债表上做了披露。

要求：根据上述资料编制"盈余公积审定表"（表6.3-7）和"未分配利润审定表"（表6.3-8）。

任务准备

(一) 审计目标

(1) 确定盈余公积的增减变动是否符合法律、法规和合同、章程的规定,记录是否完整。
(2) 确定盈余公积的年末余额是否正确。
(3) 确定盈余公积在会计报表上的披露是否恰当。
(4) 确定利润分配增减变动的记录是否完整。
(5) 确定未分配利润的年末余额是否正确。
(6) 确定未分配利润在会计报表上的披露是否恰当。

(二) 审计程序

(1) 获取或编制盈余公积明细表,分别列示法定盈余公积、任意盈余公积,并与明细账和总账余额核对相符。
(2) 对盈余公积各明细项目的发生额逐项审查其原始凭证。
(3) 检查盈余公积各明细项目的提取比例是否符合有关规定。
(4) 检查盈余公积减少数是否符合有关规定,会计处理是否正确。
(5) 验明盈余公积是否已在资产负债表上恰当反映。
(6) 检查未分配利润的年初余额与上年度已审会计报表是否一致。
(7) 检查以前年度损益调整事项的性质、授权批准手续及计算的正确性。
(8) 检查已分配利润的计算及会计处理是否正确。
(9) 检查年末利润分配余额是否正确。
年末未分配利润=年初未分配利润+本年净利润−本年已分配利润±以前年度损益调整净额
(10) 根据审计结果调整本年损益数,直接增加或减少未分配利润,确定调整后的未分配利润。
(11) 验明未分配利润是否已在资产负债表上恰当披露。

任务实施

表 6.3-7　　　　　　　　　　盈余公积审定表

被审计单位名称:		签名	日期	索引号	页次
审计项目:		编制人			
会计期间或截止日:		复核人			
					单位:元

项目	年初余额	本年增加	本年减少	年末余额	备注

续表

项目	年初余额	本年增加	本年减少	年末余额	备注
合计					

审计说明：

审计结论：

表 6.3-8　　　　　　　　　　　　未分配利润审定表

被审计单位名称：		签名	日期	索引号	页次
审计项目：		编制人			
会计期间或截止日：		复核人			

单位：元

项目	未审数	调整数	审定数	备注
（一）本年净利润				
加：年初未分配利润				
以前年度损益调整				
（二）可供分配的利润				
减：提取法定盈余公积				
提取任意盈余公积				
提取公益金				
提取储备基金				
提取发展基金				
提取职工奖励及福利基金				
利润归还投资				
（三）可供投资者分配的利润				
减：应付现金股利				
转作资本的股利				
（四）未分配利润				

审计说明：

项目七

收入审计与成本费用审计

 项目描述

　　收入、成本费用属于利润表的项目,它们的审计与资产、负债的审计紧密相连,利润表中的错报和漏报大多数会影响到资产、负债账户。企业为粉饰会计报表,往往会虚减和低估成本费用,从而达到虚增或高估净收益的目的;企业为逃避税收,往往会虚增和高估成本费用,从而达到虚减或低估净收益的目的。高估或低估成本费用都会直接影响企业的财务成果。因此,收入的审计重点在于确定被审计单位是否高估或低估收入,成本费用的审计重点在于确定被审计单位是否高估或低估成本费用,即收入、成本费用的真实性和完整性。

　　本项目通过案例分析,逐步探索收入与成本费用审计的基本知识、方法及业务分析,重点介绍收入、成本和期间费用审计的程序、内容与方法及工作底稿的编制。

 学习目标

1. 理解各项收入、成本费用的审计目标
2. 熟悉各项收入、成本费用的审计程序
3. 掌握各项收入、成本费用审计工作底稿的编制方法

 项目结构(图 7-1)

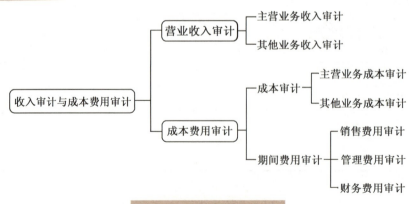

图 7-1　项目七的结构

任务一 营业收入审计

任务描述

营业收入项目核算企业在销售商品、提供劳务等主营业务活动中所产生的收入,以及企业确认的除主营业务活动以外的其他经营活动实现的收入,包括出租固定资产、出租无形资产、出租包装物和商品、销售材料、用材料进行非货币性交换(非货币性资产交换具有商业实质且公允价值能够可靠计量)、债务重组等实现的收入。

收入内部控制的要点如下(图7-2):

(1)建立健全合同订货制度。企业的销货业务,尤其是大额销货业务,应该实行合同订货制度,签订的订货合同,应由专人登记和管理。

(2)建立健全销货凭证与结算手续制度。企业的各项销售业务都应填制销货通知单或销售发票;取得收入的有关凭证,如汇票、支票等均应有严格的登记制度;销货、结算收款、记账等职务应严格分离。

(3)完善发货手续和销货退回的控制制度。企业应实行凭单提货或发货的办法,发生的销售折扣、销售折让和销售退回均应有审批手续,销售退回应办理验收入库手续。

(4)建立严格的收入核算制度。对于发生的销货业务,应及时取得有关凭证并据以记账;对于取得收入的凭证,如支票、汇票等,应建立严格的登记制度;对于顺序编号的收款凭证、现金交款单,应设置不同的收入分类账户,分别核算并加以汇总;对于收入的会计处理,应建立内部牵制和严格的复核制度。

收入扣除成本费用及所得税后形成了企业一定时期的净利润。收入、成本费用及利润是企业利润表的主要内容,它不仅反映了企业的盈亏情况是否真实、正确,而且可以作为审计人员提出增加企业收入、提高企业经济效益的重要依据,因而对收入的审计,是国家、企业管理层、股东、债权人和所有职工所共同关心的问题,也是审计工作的一个重要方面。

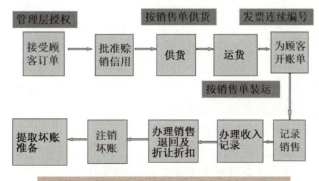

图 7-2 销售与收款循环的主要业务活动

一、主营业务收入审计

2024年3月18日,华明会计师事务所对智凯公司2023年度的会计报表进行审计,审计员李明负责该企业主营业务收入的审计。该审计员对智凯公司的主营业务收入重要性水平评价是10 000元,背景资料如表7.1-1所示。

表7.1-1　　　　　　　　　　主营业务收入与成本明细表　　　　　　　　　单位:万元

月份	2023年 主营业务收入	2023年 主营业务成本	2022年 主营业务收入	2022年 主营业务成本
1	173 250	159 390	80 000	73 600
2	10 000	9 200	5 000	4 600
3	0	0	0	0
4	12 000	11 040	7 000	6 440
5	0	0	8 000	7 360
6	6 000	5 520	4 000	3 680
7	20 375	18 745	14 800	13 616
8	0	0	0	0
9	6 750	6 220	12 250	11 270
10	59 625	54 855	57 000	52 440
11	538 190	376 733.15	116 450	107 134
12	157 500	94 500	135 500	124 660
合计	983 690	736 203.15	440 000	404 800

要求:根据背景资料和题目描述,编制月度毛利率分析表(7.1-2)。

 任务准备

(一)审计目标

(1)确定主营业务收入的记录是否完整。

(2)确定销售退回、销售折让的处理是否恰当。

(3)确定主营业务收入的本年发生额是否正确。

(4)确定主营业务收入在会计报表上的披露是否充分。

(二)审计程序

(1)获取或编制主营业务收入明细表,复核其加计数是否正确,并与明细账和总账金额核对相符。

(2) 对主营业务收入实施分析程序。分析方法主要包括：

① 将本年度的主营业务收入与上年度的主营业务收入进行比较，分析产品销售的结构和价格变动是否正常，并分析异常变动的原因。

② 比较本年度各月各种产品销售收入的波动情况，分析其变动趋势是否正常，并查明异常现象和重大波动的原因。

(3) 检查主营业务收入的确认是否正确。在不同的销售方式和不同的结算方式下，收入确认的时间也不一样：

① 在交款提货销售方式下，应于收到货款或取得收取货款的权利，并将发票账单和提货单交给对方后确认收入。

② 在预收货款销售方式下，应于发出商品、产品时确认收入。

③ 在托收承付结算方式下，应于发出商品、产品并已办妥托收手续时确认收入。

④ 在委托代销方式下，应于代销商品、产品已销售，并收到代销清单时确认收入。

⑤ 在分期收款结算方式下，应按合同约定的收款日期分期确认收入。

⑥ 对于长期工程或劳务合同，应按完工进度法或完工合同法确认收入。

检查主营业务收入的真实性，抽查主营业务收入明细账，并追查至记账凭证和原始凭证（销售发票、发运凭证等），确定主营业务收入是否真实。

检查主营业务收入的完整性。抽查主营业务收入的原始凭证（销售发票、发运凭证等），并追查至记账凭证及明细账，检查销售记录是否完整。

对主营业务收入进行截止测试。对主营业务收入进行截止测试主要是抽查销售收入与退货记录，检查销售业务的会计处理有无跨年度现象，对跨年度的重大销售项目应进行调整。

销售截止测试的目的在于确定被审计单位主营业务收入的会计记录归属期是否正确，应记入本期或下期的主营业务收入有无被推延至下期或提前至本期。

审计中应注意把握三个与主营业务收入确认有密切关系的日期：一是发票开具日期或收款日期；二是记账日期；三是发货日期（提供劳务日期）。检查三者是否归属同一适当的会计期间是主营业务收入截止测试的关键所在。当三个日期不在同一会计期间时，应按照会计准则规定的收入确认原则来确定收入的归属期。

(4) 检查有无未经认可的大额销售。审计人员应结合对资产负债表日应收账款的函证程序，查明有无未经认可的大额销售。

(5) 检查销售退回与折让手续。审计人员应检查销售退回与折让手续是否符合规定，是否按规定进行了会计处理。

(6) 检查外币收入折算汇率是否正确。

(7) 验明主营业务收入是否在利润表上恰当披露。

任务实施

表 7.1-2　　　　　　　　　月度毛利率分析表

被审计单位：＿＿＿＿＿＿＿＿　　　　索引号：＿＿＿＿＿＿＿＿
项　　目：＿＿＿＿＿＿＿＿　　　　财务报表截止日/期间：＿＿＿＿＿＿＿＿
编　　制：＿＿＿＿＿＿＿＿　　　　复　　核：＿＿＿＿＿＿＿＿
日　　期：＿＿＿＿＿＿＿＿　　　　日　　期：＿＿＿＿＿＿＿＿

月份	本期数				上期数				变动幅度
	主营业务收入	主营业务成本	毛利	毛利率	主营业务收入	主营业务成本	毛利	毛利率	
1									
2									
3									
4									
5									
6									
7									
8									
9									
10									
11									
12									
合计									

审计说明：

二、其他业务收入审计

资料：智凯公司 2023 年度其他业务收入明细资料如表 7.1-3 所示。

表 7.1-3　　　　　　　　　　**其他业务收入明细资料**　　　　　　　　单位：元

月份	运输收入	销售材料收入	合计
1	789 076.00	455 700.00	1 244 776.00
2	379 538.00		379 538.00
3	434 461.00		434 461.00
4	529 384.00		529 384.00
5	391 500.00	598 200.00	989 700.00
6	435 462.00		435 462.00
7	772 345.00		772 345.00
8	365 230.00		365 230.00
9	649 030.00	334 500.00	983 530.00
10	441 261.00	526 800.00	968 061.00
11	512 938.00		512 938.00
12	797 078.00		797 078.00
合计	6 497 303.00	1 915 200.00	8 412 503.00

审计人员抽查与其他业务收入有关的记账凭证，有关情况如下：

（1）抽查 12 月 23 日第 98 号凭证，取得运输收入 135 650 元，原始凭证齐全，账务处理正确。

（2）抽查 11 月 27 日第 103 号凭证，该凭证记录为：

借：银行存款　　　　　　　　　　　　　　　　　　　　　25 000
　贷：营业外收入——处置无形资产收入　　　　　　　　　　25 000

经进一步审查，该公司本年度并没有将无形资产所有权对外转让，该笔收入实为转让无形资产使用权收入。

要求：根据上述资料编制"其他业务收入审定表"（表 7.1-4）和"其他业务收入检查表"（表 7.1-5）。

任务准备

（一）审计目标

（1）确定其他业务收入的记录是否完整。

（2）确定其他业务收入的本年发生额是否正确。

（3）确定其他业务收入在会计报表上的披露是否恰当。

（二）审计程序

（1）获取或编制其他业务收入明细表，复核其加计数是否正确，并与明细账和总账金额核对相符。

（2）与上期其他业务收入进行比较，了解是否存在重大波动，若存在，则分析波动原因及其合理性。

（3）抽查大额其他业务收入项目，检查原始凭证是否齐全，有无授权审批，会计期间划分是否正确，会计处理是否恰当。

（4）验明其他业务收入在利润表上的披露是否恰当。

 任务实施

表 7.1-4　　　　　　　　　　　其他业务收入审定表

被审计单位：_____　　　　索引号：_____
项目：_____　　　　　　　财务报表截止日/期间：_____
编制：_____　　　　　　　复核：_____
日期：_____　　　　　　　日期：_____

序号	项目	未审数	调整数	审定数	备注
1	运输收入				
2	销售材料收入				
3	出租固定资产收入				
4	出租包装物收入				
5	出租无形资产收入				
6	其他				
	合计				

审计说明：

项目七 收入审计与成本费用审计

表 7.1-5　　　　　　　　　　其他业务收入检查表

被审计单位：_____　　索引号：_____
项目：_____　　财务报表截止日/期间：_____
编制：_____　　复核：_____
日期：_____　　日期：_____

日期	凭证编号	业务内容	对应科目	金额	核对内容					备注
					1	2	3	4	5	

核对内容说明：
1. 原始凭证内容完整；
2. 有授权处理；
3. 账务处理正确；
4. 记账凭证与原始凭证一致。

审计说明：

任务二　成本费用审计

任务描述

成本费用审计是指对企业从事生产经营活动过程中所产生的各种损耗的审查,包括直接费用审计、间接费用审计、期间费用审计。成本费用审计的业务范围颇广,涉及销售成本、销售费用、一般行政管理费用、营业外费用等项目,这些成本费用均应在会计记录上得到反映。因此,成本费用审计的主要目的是检查各项成本费用的会计记录是否始终依照公正的会计标准正确处理,并应查明有关成本费用计算的真实性、完整性和时间归属的适当性。

（1）监督检查各中心,使其在经营管理活动中遵守成本费用开支范围、开支标准,执行有关成本管理规定,维护财经纪律。

（2）检查各项成本费用开支的真实性、合法性、合理性,监督各中心增收节支,严格执行费用预算(计划),为合理考核各中心经营管理业绩打下基础。

（3）监督各中心按规定核算成本费用,正确计算商品成本,降低消耗,防止和纠正铺张浪费行为和各种错弊,提高企业的盈利水平。

一、营业成本审计

企业营业成本控制的目的在于将企业营业成本控制在企业预定的水平上。企业营业成本的控制是一个复杂的系统,涉及成本费用控制主体的划分,进而所带来的责任的归属,涉及成本费用控制组织结构中不同控制层次的权力与责任的界定,涉及成本费用控制过程中各个部门工作的协调,涉及根据企业的实际情况变化,对控制标准的调整及差异的纠正,等等。因此,只有建立一个充满弹性的成本费用控制系统,掌握成本费用控制的关键点,才能使企业对成本费用进行有效的规划与控制。

营业成本内部控制的要点如下:

(1) 生产必须依计划进行,领用材料必须办理领料手续。

(2) 只有依据计划部门下达的"生产通知单",仓储部门才能发料。

(3) 月末,应对材料耗用进行盘点,未用完的材料应办理退料或"假退料"手续。

(4) 必须按成本计算对象对耗用材料进行适当的分配。

(5) 应该对费用开支实行总额控制,超过费用总额的开支,原则上不予报销。费用总额的控制标准在单位年度预算中确定。

(6) 制定并实施健全有效的费用预算与控制标准是单位财务部门的职责。

(7) 各单位必须建立费用核准制,严格费用开支的审批,特别是预算外的开支,必须履行特殊的审批手续。

(8) 所有费用单据只有经过书面核准才能进行报销。

(9) 必须制定并严格执行费用开支范围。

(10) 财务部门在办理各项报销手续时,应该进行以下复核:

① 营业成本的开支是否合理、合法,有无相关人员的批准签字。

② 营业成本的开支是否超出开支标准或预算范围;超标准或超范围开支是否经特别授权。

③ 相关的原始发票是否真实,计算是否正确。

(一) 主营业务成本审计

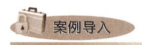

资料:智凯公司的会计政策规定,入库产成品按实际生产成本入账,发出产成品按先进先出法核算。2023年12月31日,该公司甲产品期末结存数量为1 200件,期末余额为5 210万元,该公司甲产品明细资料如表7.2-1所示(假定期初余额和所有的数量、入库单价均无误)。

表7.2-1　　　　　　　　　　　　甲产品明细资料　　　　　　　　　　金额单位:万元

日期	摘要	入库			发出			结存		
		数量/件	单价	金额	数量/件	单价	金额	数量/件	单价	金额
1月1日	期初余额							500	5	2 500.00
3月1日	入库	400	5.1	2 040.00				900		4 540.00
4月1日	销售				800	5.2	4 160.00	100		380.00
8月1日	入库	1 600	4.6	7 360.00				1 700		7 740.00

续表

日期	摘要	入库			发出			结存		
		数量/件	单价	金额	数量/件	单价	金额	数量/件	单价	金额
10月3日	销售				400	4.6	1 840.00	1 300		5 900.00
12月1日	入库	700	4.5	3 150.00				2 000		9 050.00
12月31日	销售				800	4.8	3 840.00	1 200		5 210.00
12月31日	本年合计	2 700		12 550.00	2 000		9 840.00	1 200		5 210.00

要求：

1. 编制"甲产品明细资料调整表"（表 7.2-2），计算出甲产品营业成本的实际金额。
2. 编制审计调整分录。

任务准备

1. 审计目标

（1）确定主营业务成本的记录是否完整。

（2）确定主营业务成本的计算是否正确。

（3）确定主营业务成本与主营业务收入是否配比。

（4）确定主营业务成本在会计报表上的披露是否恰当。

2. 审计程序

（1）获取或编制主营业务成本明细表，与明细账和总账金额核对相符。

（2）编制生产成本及销售成本倒轧表，与总账金额核对相符。

（3）分析比较本年度与上年度主营业务成本总额，以及本年度各月份的主营业务成本金额，如有重大波动和异常情况，应查明原因。

（4）结合生产成本的审计，抽查销售成本结转数额的正确性，并检查其是否与销售收入配比。

（5）检查主营业务成本账户中重大调整事项（如销售退回等）是否有充分的理由。

（6）确定主营业务成本是否在利润表中恰当披露。

任务实施

表 7.2-2　　　　　　　　　　甲产品明细资料调整表　　　　　　　　金额单位：万元

日期	摘要	入库			发出			结存		
		数量/件	单价	金额	数量/件	单价	金额	数量/件	单价	金额

续表

日期	摘要	入库			发出			结存		
		数量/件	单价	金额	数量/件	单价	金额	数量/件	单价	金额

(1) 甲产品营业成本的实际金额=

(2) 被审计单位确认甲产品营业成本=

(3) 被审计单位多确认甲产品营业成本=

(4) 调整分录：

(二) 其他业务成本审计

案例导入

资料：

1. 智凯公司2023年度其他业务成本明细资料如表7.2-3所示。

表7.2-3　　　　　　　　　　其他业务成本明细资料　　　　　　　　　　单位：元

月份	运输业务成本	销售材料成本	合计
1	56 399.00	41 123.00	97 522.00
2	23 199.00		23 199.00
3	25 399.00		25 399.00
4	37 599.00		37 599.00
5	23 825.00	52 220.00	76 045.00

续表

月份	运输业务成本	销售材料成本	合计
6	29 799.00		29 799.00
7	50 724.00		50 724.00
8	24 149.00		24 149.00
9	41 869.00	27 260.00	69 129.00
10	26 819.00	45 087.00	71 906.00
11	32 109.00		32 109.00
12	54 944.00		54 944.00
合计	426 834.00	165 690.00	592 524.00

2. 审计人员抽查了有关记账凭证2张,一是11月25日第50号凭证,以银行存款支付运输成本6 239元;二是10月30日第164号凭证,结转销售材料成本45 087元,均未发现异常情况。

要求: 根据上述资料编制"其他业务成本审定表"(表7.2-4)和"其他业务成本检查表"(表7.2-5)。

任务准备

1. 审计目标

(1) 确定其他业务成本的记录是否完整。

(2) 确定其他业务成本的计算是否正确。

(3) 确定其他业务成本在会计报表上的披露是否恰当。

2. 审计程序

(1) 获取或编制其他业务成本明细表,与明细账、总账、报表金额核对相符。

(2) 抽取大额其他业务成本项目,检查原始凭证是否齐全,有无授权批准,会计期间划分是否恰当,其他业务成本与其他业务收入是否配比,有关税费的计算是否正确,会计处理是否正确。

(3) 分析比较本年度与上年度其他业务成本总额,以及本年度各月份的其他业务成本金额,如有重大波动和异常情况,应查明原因。

(4) 对于异常的其他业务成本项目,应追查其入账依据及有关法律性文件是否充分。

(5) 验明其他业务成本是否在利润表中恰当披露。

任务实施

表 7.2-4　　　　　　　　　其他业务成本审定表

被审计单位：_____　　　索引号：_____
项目：_____　　　　　　财务报表截止日/期间：_____
编制：_____　　　　　　复核：_____
日期：_____　　　　　　日期：_____

单位：元

项目	未审数	调整数	审定数	备注
合计				

审计说明：

表 7.2-5　　　　　　　　　其他业务成本检查表

被审计单位：_____　　　索引号：_____
项目：_____　　　　　　财务报表截止日/期间：_____
编制：_____　　　　　　复核：_____
日期：_____　　　　　　日期：_____

单位：元

日期	凭证编号	业务内容	对应科目	金额	核对内容					备注
					1	2	3	4	5	

续表

核对内容说明： 1. 原始凭证内容完整； 2. 有授权处理； 3. 账务处理正确； 4. 记账凭证与原始凭证一致；	审计说明：

二、期间费用审计

（一）销售费用审计

 案例导入

资料：

1. 智凯公司 2023 年度销售费用累计发生额为 4 875 569.82 元，其中：工资 210 000 元，职工福利费 29 400 元，包装费 1 369 800 元，广告费 1 150 000 元，运输费 1 765 200 元，展览费 351 169.82 元。

2. 审计人员抽查了与销售费用有关的记账凭证 3 张：一是 2023 年 8 月 19 日第 20 号凭证，用银行存款支付广告费 80 000 元；二是 2023 年 9 月 20 日第 78 号凭证，用银行存款支付销售商品运输费 97 650 元；三是 2023 年 12 月 6 日第 36 号凭证，销售商品领包装物 62 410 元。上述记账凭证均附有原始凭证，内容完整，有授权批准。同时，审计人员复核的销售费用总账与明细账相符。

要求： 根据上述资料填制"销售费用审定表"（表 7.2-6）和"销售费用检查表"（表 7.2-7）。

任务准备

1. 审计目标

（1）确定销售费用的记录是否完整。

（2）确定销售费用的分类、归属和会计处理是否正确。

（3）确定销售费用在会计报表上的披露是否恰当。

2. 审计程序

（1）获取或编制销售费用明细表，检查其明细项目的设置是否符合规定的核算内容与范围，并与明细账、总账、报表金额核对相符。

（2）将本年度销售费用与上年度销售费用进行比较，并将本年度各月份的销售费用进行比较，如有重大波动和异常情况，应查明原因。

（3）选择重要或异常的销售费用项目，检查其原始凭证是否合法，会计处理是否正确，必要时对销售费用进行截止测试，检查有无跨期入账的现象，对于重大跨期项目，应做必要的调整。

（4）验明销售费用在利润表上的披露是否恰当。

任务实施

表 7.2-6　　　　　　　　　　　　　　销售费用审定表

被审计单位：_____　　　索引号：_____
项目：_____　　　　　　财务报表截止日/期间：_____
编制：_____　　　　　　复核：_____
日期：_____　　　　　　日期：_____

单位：元

项目	未审数	调整数	审定数	备注
合计				

审计说明：

表 7.2-7　　　　　　　　　　　　　　销售费用检查表

被审计单位：_____　　　索引号：_____
项目：_____　　　　　　财务报表截止日/期间：_____
编制：_____　　　　　　复核：_____
日期：_____　　　　　　日期：_____

单位：元

日期	凭证编号	业务内容	对应科目	金额	核对内容					备注
					1	2	3	4	5	

续表

核对内容说明： 1. 原始凭证内容完整； 2. 有授权处理； 3. 账务处理正确； 4. 记账凭证与原始凭证一致；	审计说明：

（二）管理费用审计

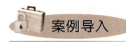

资料：

1. 智凯公司2023年度会计报表列示管理费用总额为6 490 229.28元，明细账管理费用合计数与总账数、报表数相符，其中：工资1 322 400元，职工福利费197 260元，工会经费251 378元，职工教育经费188 533.50元，折旧费1 659 000元，租赁费300 000元，修理费195 680元，物料消耗50 000元，低值易耗品摊销215 637元，办公费548 844.78元，差旅费236 900元，财产保险费132 160元，业务招待费456 236元，会议费136 200元，研究费用570 000元，审计费30 000元。

2. 审计人员抽查了与管理费用有关的记账凭证3张：一是2023年7月23日第116号凭证，支付办公费100 600元，附有原始凭证，内容完整，有授权批准，原始凭证上记录购买20台办公用电脑；二是2023年8月15日第60号凭证，支付业务招待费65 984元，附有发票及银行付款凭证，有授权批准，账务处理正确；三是2023年12月12日第33号凭证，支付修理费50 000元，附有修理费发票及银行付款凭证，内容完整，有授权批准，账务处理正确。

要求： 根据上述资料填制"管理费用审定表"（表7.2-8）和"管理费用检查表"（表7.2-9）。

任务准备

1. 审计目标

（1）确定管理费用的记录是否完整。

（2）确定管理费用的分类、归属和会计处理是否正确。

（3）确定管理费用在会计报表上的披露是否恰当。

2. 审计程序

（1）获取或编制管理费用明细表，检查其明细项目的设置是否符合规定的核算内容与范围，并与明细账和总账金额核对相符。

（2）将本年度管理费用与上年度管理费用进行比较，并将本年度各月份的管理费用进行比较，如有重大波动和异常情况，应查明原因。

（3）选择重要或异常的管理费用项目，检查其原始凭证是否合法，会计处理是否正确，必要时对管理费用进行截止测试，检查有无跨期入账的现象，对于重大跨期项目，应做必要的调整。

（4）验明管理费用在利润表上的披露是否恰当。

任务实施

表 7.2-8　　　　　　　　　　　　管理费用审定表

序号	项目	未审数	调整数	审定数	备注
1	管理部门人工费				
2	工会费				
3	职工教育经费				
4	折旧费				
5	租赁费				
6	修理费				
7	物料消耗				
8	低值易耗品摊销				
9	办公费				
10	差旅费				
11	财产保险费				
12	业务招待费				
13	会议费				
14	研究费				
15	审计费				
	合计				

审计说明：

项目七 收入审计与成本费用审计

| 表 7.2-9 | | 管理费用检查表 | | | | | | | | |

被审计单位：_____ 索引号：_____
项目：_____ 财务报表截止日/期间：_____
编制：_____ 复核：_____
日期：_____ 日期：_____

单位：元

日期	凭证编号	业务内容	对应科目	金额	核对内容					备注
					1	2	3	4	5	

核对内容说明：
1. 原始凭证内容完整；
2. 有授权处理；
3. 账务处理正确；
4. 记账凭证与原始凭证一致；

审计说明：

（三）财务费用审计

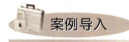

资料：

1. 智凯公司2023年度会计报表列示财务费用为1 198 000元，财务费用合计数与总账数、报表数相符，其中：利息支出1 089 300元，利息收入58 193元，银行手续费166 893元。

2. 审计人员抽查了与财务费用有关的记账凭证2张：一是2023年7月23日第70号凭证，付工商银行贷款利息44 887.50元；二是2023年12月26日第156号凭证，预提工商银行长期贷款利息40 800元。上述记账凭证均附有完整的原始凭证，有授权批准，账务处理正确。

要求： 根据上述资料填制"财务费用审定表"（表7.2-10）和"财务费用检查表"（表7.2-11）。

任务准备

1. 审计目标

（1）确定财务费用的记录是否完整。
（2）确定财务费用的分类、归属和会计处理是否正确。
（3）确定财务费用在会计报表上的披露是否恰当。

2. 审计程序

(1) 获取或编制财务费用明细表,检查其明细项目的设置是否符合规定的核算内容与范围,并与明细账和总账金额核对相符。

(2) 将本年度财务费用与上年度财务费用进行比较,并将本年度各月份的财务费用进行比较,如有重大波动和异常情况,应查明原因。

(3) 选择重要或异常的财务费用项目,检查其原始凭证是否合法,会计处理是否正确,必要时对财务费用进行截止测试,检查有无跨期入账的现象,对重大跨期项目应做调整,检查各项借款期末应计利息有无预计入账。

(4) 审查汇兑损益明细账,检查汇兑损益计算方法是否正确,核对所用汇率是否正确,前后期是否一致。

(5) 检查从其他企业或非银行金融机构取得的利息收入是否缴纳税费,从非银行金融机构和个人取得的借款所支付的利息是否有发票等原始凭证。

(6) 验明财务费用是否在利润表上恰当披露。

 任务实施

表 7.2-10　　　　　　　　　　财务费用审定表

被审计单位:＿＿＿＿＿＿＿＿＿＿　　索引号:＿＿＿＿＿＿＿＿＿＿
项目:＿＿＿＿＿＿＿＿＿＿　　　　财务报表截止日/期间:＿＿＿＿＿＿＿＿＿＿
编制:＿＿＿＿＿＿＿＿＿＿　　　　复核:＿＿＿＿＿＿＿＿＿＿
日期:＿＿＿＿＿＿＿＿＿＿　　　　日期:＿＿＿＿＿＿＿＿＿＿

单位:元

项目	未审数	调整数	审定数	备注
利息支出				
利息收入				
银行手续费				
合计				

审计说明:

表 7.2-11　　　　　　　　　　财务费用检查表

被审计单位：_____　　索引号：_____
项目：_____　　财务报表截止日/期间：_____
编制：_____　　复核：_____
日期：_____　　日期：_____

单位：元

日期	凭证编号	业务内容	对应科目	金额	核对内容					备注
					1	2	3	4	5	

核对内容说明：
1. 原始凭证内容完整；
2. 有授权处理；
3. 账务处理正确；
4. 记账凭证与原始凭证一致；

审计说明：

项目八

审计差异处理与撰写审计报告

 项目描述

对资产负债表及利润表各项目审计完毕之后,可能会发现某些项目报表数与审计确认数之间存在着一定的差额,即审计差异。审计报告是注册会计师对财务报表合法性和公允性发表审计意见的书面文件。因此,注册会计师应当将已审计的财务报表附于审计报告之后,以便财务报表使用者正确理解和使用审计报告,并防止被审计单位替换、更改已审计的财务报表。

通过本项目的学习,可以让学生掌握审计差异调整表和试算平衡表的编制,了解审计报告包含的基本内容和审计报告的基本类型,以及如何编制审计报告。

 学习目标

1. 掌握审计差异调整表的编制方法
2. 掌握试算平衡表的编制方法
3. 熟悉审计报告的基本内容
4. 了解审计报告的基本类型

 项目结构(图 8-1)

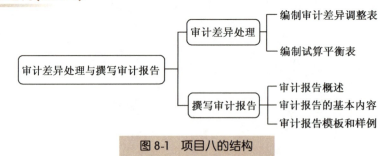

图 8-1 项目八的结构

任务一 审计差异处理

 任务描述

审计差异按是否需要调整账户记录可分为核算差异和重分类差异。核算差异是因企业对经济业务进行了不正确的会计核算而引起的差异;重分类差异是因企业未按有关企业会计准则规定编制会计报表而引起的差异,如在应收账款项目中反映的预收账款、在应付账款中反映的预付账款等。

注册会计师在编制审计报告之前应对所发现的审计差异进行处理。对审计差异处理的基本方法是对审计差异进行调整,但并不是所有的审计差异都要做调整,主要看审计差异的重要程度。对于重要的审计差异,应与被审计单位进行沟通,并做调整处理;对于不重要的审计差异可不做调整处理。

一、编制审计差异调整表

 案例导入

资料:中华会计师事务所审计人员对智凯公司 2024 年度会计报表审计后发现下列须调整事项。

1. 借:固定资产　　　　　　　　　　　　　　　　400 000
   　　贷:在建工程　　　　　　　　　　　　　　　　400 000
2. 借:管理费用　　　　　　　　　　　　　　　　 15 000
   　　贷:累计折旧　　　　　　　　　　　　　　　　 15 000
3. 借:应收账款　　　　　　　　　　　　　　　　200 000
   　　贷:预收账款　　　　　　　　　　　　　　　　200 000
4. 借:主营业务收入　　　　　　　　　　　　　　500 000
   　　应交税费——应交增值税(销项税额)　　　　 65 000
   　　贷:应收账款　　　　　　　　　　　　　　　　565 000
5. 借:预付账款　　　　　　　　　　　　　　　　150 000
   　　贷:应付账款　　　　　　　　　　　　　　　　150 000
6. 借:库存商品　　　　　　　　　　　　　　　　300 000
   　　贷:主营业务成本　　　　　　　　　　　　　　300 000

要求:根据上述调整事项编制"审计差异调整表"(表 8.1-1)。

任务准备

由于审计中发现的差异往往不止一两项,为便于审计项目的各级负责人综合判断、分析和决定,也为便于有效编制试算平衡表和代编审计调整后的会计报表,通常将这些需要调整的审计差异进行汇总,即编制审计差异调整表。

任务实施

表 8.1-1　　　　　　　　　　　　审计差异调整表　　　　　　　　　　　单位:元

序号	调整内容与项目	调整金额 借方	调整金额 贷方	影响利润
1	固定资产			
	在建工程			
2	管理费用			
	累计折旧			
3	应收账款			
	预收账款			
4	主营业务收入			
	应交税费			
	应收账款			
5	预付账款			
	应付账款			
6	库存商品			
	主营业务成本			

二、编制试算平衡表

资料:

1. 智凯公司提供的 2024 年度资产负债表和利润表如表 8.1-2、表 8.1-3 所示。

表 8.1-2　　　　　　　　　　　　　　　资产负债表　　　　　　　　　　　　　　　单位：元

项目	行次	期初余额	年末余额	项目	行次	期初余额	年末余额
流动资产：	1			流动负债：	47		
货币资金	2	650 000.00	490 000.00	短期借款	48	500 000.00	450 000.00
交易性金融资产	3			交易性金融负债	49		
应收票据	5	360 000.00	250 000.00	应付票据	51	160 000.00	210 000.00
应收股利	6			应付账款	52	540 000.00	652 430.00
应收利息	7			预收账款	53	360 000.00	295 600.00
应收账款	8	650 000.00	610 000.00	应付职工薪酬	54	68 930.00	58 593.00
其他应收款	9	45 000.00	67 000.00	其中：应付工资	55		
预付账款	10	220 000.00	280 000.00	应付福利费	56		
存货	11	1 625 000.00	1 382 500.00	应交税费	57	53 268.00	45 277.00
库存材料(产成品)	13			应付利息	59		6 975
一年内到期的非流动资产	14			应付股利	60		
其他流动资产	15			其他应付款	61	393 870.00	429 614.00
流动资产合计	16	3 550 000.00	3 079 500.00	一年内到期的非流动负债	62		
非流动资产：	17			其他流动负债	63		
可供出售金融资产	18			流动负债合计	64	2 076 068.00	2 148 489.00
持有至到期投资	19			非流动负债：	65		
长期应收款	20			长期借款	66	2 400 000.00	2 000 000.00
长期股权投资	21	450 000.00	350 000.00	应付债券	67		
股权分置流通权	22			长期应付款	68		
投资性房地产	23			专项应付款	69		
固定资产原价	24	4 200 000.00	3 800 000.00	预计负债	70		
减：累计折旧	25			递延所得税负债	71		
固定资产净值	26			递延税款贷项	72		
减：固定资产减值准备	27			其他非流动负债	73		
固定资产净额	28			其中：特准储备基金	74		
在建工程	29	300 000.00	600 000.00	非流动负债合计	75	2 400 000.00	2 000 000.00
工程物资	30			负债合计	76	4 476 068.00	4 148 489.00
固定资产清理	31			所有者权益：	77		
无形资产	32	250 000.00	300 000.00	实收资本	78	3 000 000.00	3 000 000.00
长期待摊费用	39	40 000.00	50 000.00		85		
递延所得税资产	40			资本公积	86		
递延税款借项	41			减：库存股	87		
其他非流动资产	42			盈余公积	88	527 516.00	500 000.00
其中：特准储备物资	43			一般风险准备	89		
非流动资产合计	44	5 240 000.00	5 100 000.00	未确认投资损失	90		
	45			未分配利润	91	786 416.00	531 011.00
				所有者权益合计	98	4 313 932.00	4 031 011.00
资产总计		8 790 000.00	8 179 500.00	负债及所有者权益总计		8 790 000.00	8 179 500.00

表 8.1-3		利润表		单位：元
项目名称	行次	本期金额		上期金额
一、营业收入	1	6 500 000.00		5 530 000.00
减：营业成本	2	455 000.00		3 871 000.00
税金及附加	3	63 495.00		38 542.00
销售费用	4	487 556.00		225 250.00
管理费用	7	876 447.00		713 800.00
财务费用	8	119 800.00		151 900.00
加：投资收益	9	20 000.00		15 000.00
二、营业利润	10	4 517 702.00		544 508.00
加：营业外收入	13	18 000.00		21 000.00
减：营业外支出	14	30 000.00		234 500.00
加：以前年度损益调整	15			
三、利润总额	16	4 505 702.00		331 008.00
减：所得税费用	17	1 126 425.50		82 752.00
四、净利润	18	3 379 276.50		248 256.00

要求：根据审计差异调整表 8.1-1、资产负债表 8.1-2、利润表 8.1-3 等资料，编制完成试算平衡表(表 8.1-4、表 8.1-5、表 8.1-6)。

任务准备

试算平衡表是在被审计单位提供的会计报表基础上，过入审计差异调整金额，用以试算被审计单位将要对外报出也就是审计人员要对此发表意见的会计报表是否平衡的工作底稿。

任务实施

表 8.1-4	资产负债表试算平衡表之一			单位：元
项目	审计前金额	调整金额		审定金额
		借方	贷方	借方
货币资金				
交易性金融资产				
应收票据				
应收股利				
应收利息				
应收账款				
其他应收款				

续表

项目	审计前金额	调整金额		审定金额
		借方	贷方	借方
预付账款				
存货				
一年内到期的非流动资产				
其他流动资产				
可供出售金融资产				
持有至到期投资				
长期应收款				
长期股权投资				
固定资产				
减：累计折旧				
固定资产净值				
减：固定资产减值准备				
在建工程				
工程物资				
固定资产清理				
无形资产				
长期待摊费用				
递延所得税资产				
递延税款借项				
其他非流动资产				
合计				

表 8.1-5　　　　　资产负债表试算平衡表之二　　　　　单位：元

项目	审计前金额	调整金额		审定金额
		借方	贷方	贷方
短期借款				
交易性金融负债				
应付票据				
应付账款				
预收账款				
应付职工薪酬				
应交税费				
应付利息				
应付股利				
其他应付款				

续表

项 目	审计前金额	调整金额 借方	调整金额 贷方	审定金额 贷方
一年内到期的非流动负债				
其他流动负债				
长期借款				
应付债券				
长期应付款				
专项应付款				
预计负债				
递延所得税负债				
其他非流动负债				
实收资本				
资本公积				
盈余公积				
未分配利润				
合计				

表8.1-6　　　　　　　　　　利润表试算平衡表　　　　　　　　　　单位：元

项目	审计前金额	调整金额 借方	调整金额 贷方	审定金额
一、营业收入				
减：营业成本				
税金及附加				
销售费用				
管理费用				
财务费用				
加：投资收益				
二、营业利润				
加：营业外收入				
减：营业外支出				
加：以前年度损益调整				
三、利润总额				
减：所得税费用				
四、净利润				

项目八 审计差异处理与撰写审计报告

任务二 撰写审计报告

任务描述

审计报告是审计人员根据审计准则的要求,在完成预定的审计程序之后出具的对被审计单位被审计事项表示意见的书面文件。通过本任务的学习,能知晓什么是审计报告、审计报告有何作用、如何进行审计报告分类,能概括审计报告应包括哪些基本内容,会撰写审计报告。

案例导入

如何撰写好审计报告典型案例

一份审计报告中典型案例的引用必须为报告使用者深化和细化对所反映问题的理解服务,是对所反映问题的强调和升华。撰写时要学会换位思考,充分考虑使用者阅读报告时的感受,应当做到充分而不冗余,恰当而不欠缺。审计人员在报告撰写过程中要准确理解和把握整个审计报告的内容和观点,注重解决什么时候引用案例和如何撰写典型案例两个方面的问题。

对问题的深入理解和判断是撰写高质量案例的前提。审计报告是审计机关和审计人员具体审计工作的产物,典型案例作为审计报告的组成部分,必须紧紧依托审计工作本身,典型的有价值的审计案例必须建立在高水平的审计工作和高质量的审计报告之上。

深入细致的审计工作是撰写高质量典型案例的基础。典型案例较报告中问题的一般性叙述来讲,更加注重对问题产生的来龙去脉等细节方面的描述,不仅包括问题的一般定性,还反映问题单位、发生时间、发生过程等细节因素,有时还涉及相关责任人和责任单位。由于其代表性较强,往往是审计报告中最能吸引使用者注意力的部分,新闻媒体和社会大众也经常会拿某一典型案例来解读某类问题,案例的引用是否恰当、表述是否恰当直接影响着审计报告的质量。

扎实的文字功底是撰写高质量案例的保证。典型、恰当的审计案例必须用得体、通俗的语言文字予以表述,这样才能为报告使用者理解和接受,案例文字表述水平的高低直接影响着其在报告中的功能作用。通常一个典型案例的描述要做到要素齐全,用词恰当,描述清楚,避免歧义。所谓要素齐全即问题描述的主语、谓语、宾语等基本要素必须完整,有时常常还会用一些限制时间和空间范围的状语加以描述;所谓用词恰当即要求在案例撰写过程中紧密结合问题本身严重程度,斟酌使用恰当的定性词语,尽量采取平铺直叙的叙述方式,避免使用形容词;所谓描述清楚是指在要素齐全、恰当用词的基础上,要尽量把问题叙述完整,要与问题的一般性描述相呼应,不能断章取义;所谓避免歧义即不能给报告使用者留下猜测和想象的空间。

(文章来源:中华人民共和国审计署官网)

任务准备

一、审计报告概述

（一）审计报告的概念

审计报告是指注册会计师根据中国注册会计师审计准则的规定，在实施审计工作的基础上对被审计单位财务报表发表审计意见的书面文件。

（二）审计意见的形成

注册会计师应当评价根据审计证据得出的结论，以作为对财务报表形成审计意见的基础。注册会计师对审计结论的评价贯穿审计的全过程。

审计结论是指对相关账户或认定实施相应的审计程序，获取充分、适当的审计证据后的结论。

审计意见是指根据各账户或认定的审计结论（如错报汇总），判断对报表整体的影响而形成的审计意见。

（三）审计报告的类型

（1）审计报告的四种基本类型：无保留意见报告、保留意见报告、否定意见报告和无法表示意见报告。

（2）审计报告也可分为标准审计报告和非标准审计报告。非标准审计报告包括带强调事项段的无保留意见的审计报告和非无保留意见的审计报告，非无保留意见的审计报告又包括保留意见、否定意见和无法表示意见的审计报告。

二、审计报告的基本内容

（1）标题：统一规范为"审计报告"。

（2）收件人：审计报告的收件人是指注册会计师按照业务约定书的要求致送审计报告的对象，一般是指审计业务的委托人，如智凯公司全体股东、智凯公司董事会。

（3）引言段。

（4）管理层对财务报表的责任段。

（5）注册会计师的责任段。

（6）审计意见段。

（7）注册会计师的签名和盖章。

（8）会计师事务所的名称、地址及盖章（见报告实例）。

（9）报告日期：审计报告应当注明报告日期。审计报告的日期不应早于注册会计师获取充分、适当的审计证据（包括管理层认可对财务报表的责任且已批准财务报表的证据），并在此基础上对财务报表形成审计意见的日期。

注册会计师在确定审计报告的日期时，应当考虑：①应当实施的审计程序已经完成；

② 应当提请被审计单位调整的事项已经提出，被审计单位已经做出调整或拒绝做出调整；
③ 管理层已经正式签署财务报表。

三、审计报告模板和样例

（一）标准审计报告参考格式

标准审计报告包含的审计报告要素齐全，属于无保留意见且不附加说明段、强调事项段或任何修饰性用语的审计报告。

审计报告

智凯公司全体股东：

我们审计了后附的智凯公司财务报表，包括20×4年12月31日的资产负债表，20×1年度的利润表、股东权益变动表和现金流量表，以及财务报表附注。

一、管理层对财务报表的责任

按照企业会计准则和《××会计制度》的规定，编制财务报表是智凯公司管理层的责任。这种责任包括：(1) 设计、实施和维护与财务报表编制相关的内部控制，以使财务报表不存在由舞弊或错误导致的重大错报；(2) 选择和运用恰当的会计政策；(3) 做出合理的会计估计。

二、注册会计师的责任

我们的责任是在实施审计工作的基础上对财务报表发表审计意见。我们按照中国注册会计师审计准则的规定执行了审计工作。中国注册会计师审计准则要求我们遵守职业道德规范，计划和实施审计工作，以对财务报表是否不存在重大错报获取合理保证。审计工作涉及实施审计程序，以获取有关财务报表金额和披露的审计证据。选择的审计程序取决于注册会计师的判断，包括对由舞弊或错误导致的财务报表重大错报风险的评估。在进行风险评估时，我们考虑与财务报表编制相关的内部控制，以设计恰当的审计程序，但目的并非对内部控制的有效性发表意见。审计工作还包括评价管理层选用会计政策的恰当性和做出会计估计的合理性，以及评价财务报表的总体列报。

我们相信，我们获取的审计证据是充分、适当的，为发表审计意见提供了基础。我们认为，智凯公司财务报表已经按照企业会计准则和《××会计制度》的规定编制，在所有重大方面公允反映了智凯公司20×4年12月31日的财务状况及20×4年度的经营成果和现金流量。

会计师事务所（签名并盖章）（盖章）　　　中国注册会计师：×××
中国××市　　　　　　　　　　　　　　　中国注册会计师：×××（签名并盖章）
　　　　　　　　　　　　　　　　　　　　二〇×五年×月×日

（二）非标准审计报告

(1) 带强调事项段的无保留意见的审计报告。审计报告的强调事项段是指注册会计师在审计意见段之后增加的对重大事项予以说明强调的段落，该段内容用于提醒财务报表使用者关注，并不影响已发表的审计意见。

如财务报表附注×所述,智凯公司在20×4年发生亏损×万元,20×4年12月31日,流动负债高于资产总额×万元。智凯公司已在财务报表附注×中充分披露了拟采取的改善措施,但其持续经营能力仍然存在重大不确定性。本段内容不影响已发表的审计意见。

(2) 保留意见的审计报告(审计范围受到限制)。只有当注册会计师认为财务报表就整体而言是公允的,但还存在对财务报表产生重大影响的情形时,才能出具保留意见的审计报告。注册会计师如果认为影响极为严重,则应出具否定意见的审计报告或者无法表示意见的审计报告。

具体来说,错报金额或审计范围受到限制与审计报告类型的关系(表8.2-1)如下:

① 错报金额或审计范围受到限制的影响不重要,出具无保留意见的审计报告。

② 错报金额或审计范围受到限制的影响重要,但就财务报表整体而言是公允的,出具保留意见的审计报告。

③ 错报金额重要或审计范围受到重要限制且影响广泛,以致财务报表整体公允性存在问题,则出具否定意见或无法表示意见的审计报告。

表8.2-1 错报金额或审计范围受到限制与审计报告类型的关系——审计意见决策表

财务报表的影响程度	重要	重要且广泛
错报金额	保留意见	否定意见
审计范围受到限制	保留意见	无法表示意见

审计报告

智凯公司全体股东:

我们审计了后附的智凯公司财务报表,包括20×4年12月31日的资产负债表,20×4年度的利润表、股东权益变动表和现金流量表,以及财务报表附注。

一、管理层对财务报表的责任

按照企业会计准则和《××会计制度》的规定,编制财务报表是智凯公司管理层的责任。这种责任包括:(1) 设计、实施和维护与财务报表编制相关的内部控制,以使财务报表不存在由舞弊或错误导致的重大错报;(2) 选择和运用恰当的会计政策;(3) 做出合理的会计估计。

二、注册会计师的责任

我们的责任是在实施审计工作的基础上对财务报表发表审计意见。除本报告"三、导致保留意见的事项"所述事项外,我们按照中国注册会计师审计准则的规定执行了审计工作。中国注册会计师审计准则要求我们遵守职业道德规范,计划和实施审计工作,以对财务报表是否不存在重大错报获取合理保证。

审计工作涉及实施审计程序,以获取有关财务报表金额和披露的审计证据。选择的审计程序取决于注册会计师的判断,包括对由舞弊或错误导致的财务报表重大错报风险的评估。在进行风险评估时,我们考虑与财务报表编制相关的内部控制,以设计恰当的审计程序,但目的并非对内部控制的有效性发表意见。审计工作还包括评价管理层选用会计政策的恰当性和做出会计估计的合理性,以及评价财务报表的总体列报。

我们相信,我们获取的审计证据是充分、适当的,为发表审计意见提供了基础。

三、导致保留意见的事项

智凯公司 20×4 年 12 月 31 日的应收账款余额为×万元,占资产总额的×%,由于智凯公司未能提供债务人地址,我们无法实施函证及其他替代审计程序,以获取充分、适当的审计证据。

四、审计意见

我们认为,除了前段所述未能实施函证可能产生的影响外,智凯公司财务报表已经按照企业会计准则和《××会计制度》的规定编制,在所有重大方面公允反映了智凯公司 20×4 年 12 月 31 日的财务状况及 20×4 年度的经营成果和现金流量。

会计师事务所(签名并盖章)(盖章)　　　中国注册会计师:×××

中国××市　　　　　　　　　　　　　　中国注册会计师:×××(签名并盖章)

二〇×五年×月×日

(3) 否定意见的审计报告。注册会计师如果认为财务报表没有按照适用会计准则和相关会计制度的规定编制,未能在重大方面公允反映被审计单位的财务状况、经营成果和现金流量,应当出具否定意见的审计报告。

如财务报表附注×所述,智凯公司的长期股权投资未按企业会计准则的规定采用权益法核算。如果按权益法核算,智凯公司的长期股权投资账面价值将减少×万元,净利润将减少×万元,从而导致智凯公司由盈利×万元变为亏损×万元。

审计意见

我们认为,由于受到前段所述事项的重大影响,智凯公司财务报表没有按照企业会计准则和《××会计制度》的规定编制,未能在所有重大方面公允反映智凯公司 20×4 年 12 月 31 日的财务状况及 20×4 年度的经营成果和现金流量。

(4) 无法表示意见的审计报告。如果审计范围受到限制可能产生的影响非常重大和广泛,不能获取充分、适当的审计证据,以致无法对财务报表发表审计意见,注册会计师应当出具无法表示意见的审计报告。

无法表示意见的审计报告不同于否定意见的审计报告,它通常仅适用于注册会计师不能获取充分、适当的审计证据的情形。

审计报告

智凯公司全体股东:

我们接受委托,审计了后附的智凯公司财务报表,包括 20×4 年 12 月 31 日的资产负债表,20×4 年度的利润表、股东权益变动表和现金流量表,以及财务报表附注。

一、管理层对财务报表的责任

按照企业会计准则和《××会计制度》的规定,编制财务报表是智凯公司管理层的责任。这种责任包括:(1) 设计、实施和维护与财务报表编制相关的内部控制,以使财务报表不存在由舞弊或错误导致的重大错报;(2) 选择和运用恰当的会计政策;(3) 做出合理的会计估计。

二、导致无法表示意见的事项

智凯公司未对20×4年12月31日的存货进行盘点,金额为×万元,占期末资产总额的40%。我们无法实施存货监盘,也无法实施替代审计程序,以对期末存货的数量和状况获取充分、适当的审计证据。

三、审计意见

由于上述审计范围受到限制可能产生的影响非常重大和广泛,我们无法对智凯公司财务报表发表意见。

会计师事务所(签名并盖章)(盖章)　　　中国注册会计师:×××

中国××市　　　　　　　　　　　　　　中国注册会计师:×××(签名并盖章)

二〇×五年×月×日